Der Jungfernstieg

gestern – heute – übermorgen

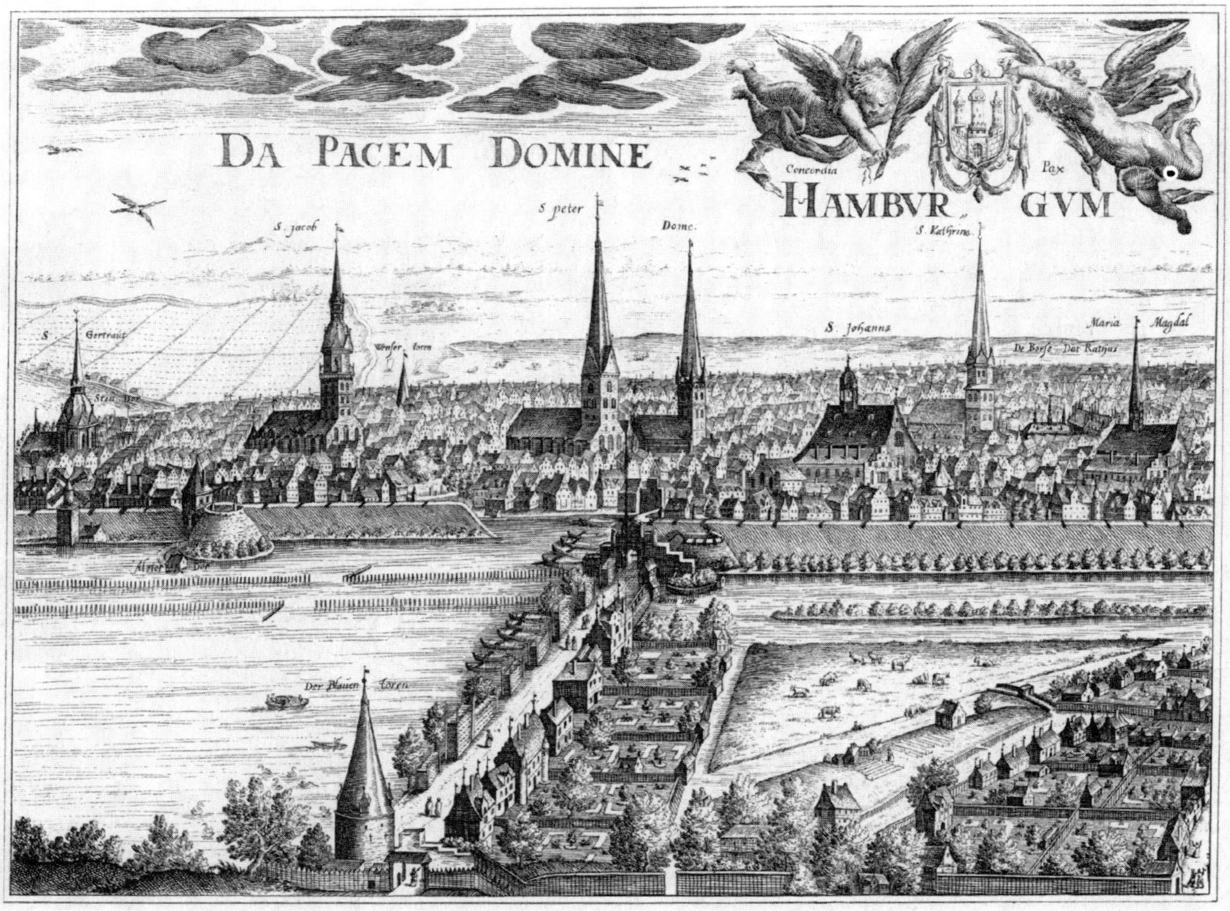

Der Mühlendamm durch die Alster
in einer Stadtansicht von Nordwesten, 1613

Der Jungfernstieg

gestern – heute – übermorgen

herausgegeben von Dorothée Engel

Die Hanse

Der alte und der neue Jungfernstieg vom Alsterdamm aus gesehen,
Bebauung nach dem Großen Brand von 1842

Inhalt

Der Jungfernstieg um 1850

Für die Leser, die die Stadt Hamburg nicht kennen, und es gibt derer vielleicht in China und Oberbayern, für diese muss ich bemerken, dass der schönste Spaziergang der Söhne und Töchter Hammonias den rechtmäßigen Namen Jungfernstieg führt, dass er aus einer Lindenallee besteht, die auf der einen Seite von einer Reihe Häuser, auf der anderen Seite von dem großen Alsterbassin begrenzt wird, und dass vor Letzterem, ins Wasser hineingebaut, zwei zeltartige lustige Kaffeehäuslein stehen, die man Pavillon nennt.

Besonders vor dem einen, den man »Schweizer Pavillon« nennt, lässt sich gut sitzen, wenn es Sommer ist und die Nachmittagssonne nicht zu wild glüht, sondern heiter lächelt und mit ihrem Glanze die Linden, die Häuser, die Menschen und die Schwäne, die sich darauf wiegen, märchenhaft übergießt. Da lässt sich gut sitzen, und da saß ich gar manchen Sommernachmittag und dachte, was ein junger Mann zu denken pflegt, nämlich gar nichts, und betrachtete, was ein junger Mensch zu betrachten pflegt, nämlich die jungen Mädchen, die vorübergingen.

Heinrich Heine, 1834

Der Jungfernstieg bei Regenwetter, 1901.
Im Hintergrund die Silhouette der Petri-Kirche

Grußwort

Flanieren, Promenieren, Lustwandeln – lange haben sich mit dem Jungfernstieg diese Assoziationen verbunden. Eine städtische Prachtmeile, die auf einmalige Weise das Wasser mit der Stadt vereint, deren außergewöhnliche Lage den Blick vom Herzen der Stadt in die Weite von Binnen- und Außenalster erlaubt – wenige internationale Großstädte zeichnet eine solche Uferpromenade aus. Die Einmaligkeit dieses städtischen Raumes ist in den vergangenen Jahrzehnten leider mehr verdeckt als präsentiert worden. Nicht jede städtebauliche Entscheidung ist der Besonderheit des Jungfernstiegs gerecht geworden. Diese Promenade der Stadt und ihren Menschen wieder ganz zurückzugeben, die besondere Schönheit wieder freizulegen, haben sich private und öffentliche Initiatoren zum Ziel gesetzt. Ohne das herausragende mäzenatische Engagement etwa von Prof. Werner Otto, aber gerade auch der vielen Hamburgerinnen und Hamburger ließe sich die geplante Neugestaltung des Jungfernstiegs nicht verwirklichen.

Schon in zwei Jahren wird der Jungfernstieg seine neue Schönheit präsentieren. Das Konzept der Architekten André Poitiers und WES & Partner wird das Gesamtkunstwerk aus Binnenalster, Kleiner Alster und Rathausmarkt buchstäblich neu entdecken. Keine Brüche mehr, kein Verstellen des Blicks, sondern Offenheit, Weite und Licht werden die Promenade dann charakterisieren und die Besucher zum Verweilen auffordern.

Der Verein »Lebendiger Jungfernstieg« wird den Prozess der Neugestaltung maßgeblich begleiten. An ihm teilhaben können alle Hamburgerinnen und Hamburger, mit Engagement, Ideen und der Freude auf den neuen prachtvollen Boulevard.

Ole v. Beust

Ole von Beust, Erster Bürgermeister der Freien und Hansestadt Hamburg
Hamburg, im Juli 2003

Der Jungfernstieg nach der Neugestaltung, 1901

Sehr geehrte Damen und Herren,
liebe Hamburgerinnen und Hamburger,

so etwas kann es vermutlich nur in Hamburg geben, der Stadt der Stiftungen und Mäzene: Einem der renommiertesten Orte der Hansestadt soll wieder zu altem Glanz verholfen werden, damit die Stadt für Hamburger und Touristen noch attraktiver wird, damit das Einkaufen und Arbeiten in der Innenstadt noch mehr Freude bereitet und damit Kunst und Kultur eine neue Bühne mitten in der Stadt erhalten. Und realisiert wird dieses 16 Millionen Euro teure Projekt durch eine beispiellose Zusammenarbeit zwischen Privatpersonen, Unternehmen und der Stadt.

Dies zeigt, dass man auch in Zeiten leerer Haushaltskassen Visionen Wirklichkeit werden lassen kann, wenn alle an einem Strang ziehen und man gemeinsam nach kreativen Lösungen sucht. Es erfordert auf städtischer Seite ein erhebliches Umdenken und eine enorme Flexibilität. Und es erfordert, dass die private Seite dieses Engagement anerkennt und sich nicht auf die Rolle des reinen Steuerzahlers zurückzieht.

Wir möchten an dieser Stelle allen Hamburgerinnen und Hamburgern danken, die sich im Verein »Lebendiger Jungfernstieg e.V.« mit Arbeitskraft oder Geld engagieren, die für unser gemeinsames Projekt kleine oder große Spenden geleistet haben – oder die mit dem Kauf dieses Buches den Erfolg der Neugestaltung wieder ein kleines Stückchen haben näher rücken lassen.

Senator Mario Mettbach
Vorsitzender des Vorstands des
»Lebendiger Jungfernstieg e.V.«

Dr. Andreas Mattner, MdHB
Stv. Vorsitzender des Vorstands des
»Lebendiger Jungfernstieg e.V.«

Hamburg, im Juli 2003

Der Jungfernstieg vom Alsterdamm, heute Ballindamm, aus gesehen, um 1950

Der Jungfernstieg kurz vor der Umgestaltung anlässlich des City-S-Bahn-Baus und der IGA 1973, um 1970

Der umgestaltete Jungfernstieg im Jahr 2005,
Architekturzeichnung

Der Jungfernstieg heute

Hermann Hipp

Die Geschichte des Jungfernstiegs

Der Hamburger Jungfernstieg rangiert in der Hamburg-Kenntnis Auswärtiger gleich nach Hafen und Reeperbahn, und dann kommt oft nichts mehr. Aber auch für die Hamburger selbst ist er ein Mythos – ein traumhaft-sagenhaftes, Identitätslegenden assoziierendes Wort –, inzwischen freilich fast ohne Rückhalt in der baulichen und funktionalen Realität.

Technische Energie

Nüchtern betrachtet ist dieser Ort eine der wichtigsten Langzeit-Konstanten im historisch-topographischen Gefüge. Und wie die meisten Elemente der für Hamburg so markanten und im Städtevergleich einzigartigen »amphibischen« Struktur, der innigen Verflechtung und Dialektik von Wasser und Land in der Hansestadt, ist auch der Jungfernstieg in Wahrheit ein »Produkt der technischen Energie seiner Bewohner« (Fritz Schumacher) – oder genau genommen seines holsteinischen Landesherrn: Graf Adolf IV. hat ihn um 1235 als Damm durch die Niederung der Alster legen lassen, um mit deren Stau eine neue – im weiten Umkreis die bei weitem leistungsfähigste – Mühle zu betreiben; sie löste die ältere, von Adolf III. am Burstah angelegte Mühle ab. Schon 1266 kaufte sie der Hamburger Bürger Heinrich Rese, nach dem wohl der »Reesendamm« benannt ist; seitdem steht sie unter Kontrolle des Rates der Stadt.

Mit dieser großtechnischen Anlage konnte weit mehr als der lokale Bedarf befriedigt werden. Sie ist nur zu verstehen als Großinvestition für den Getreide- und Fernhandel, für Wirtschaften im großen Stil. Den Grund dafür hatte die Vereinigung von erzbischöflicher Altstadt und gräflicher Neustadt gelegt, die in der Zeit der Zugehörigkeit Nordelbiens und damit Hamburgs zum Dänemark Waldemars »des Siegers« zwischen 1201 und 1225/27 mög-

Die Alster

Wir verdanken den Alstersee einer groben Fahrlässigkeit. Dort, wo heute die Große Johannisstraße und der Große Burstah liegen, ließ Adolf III. einen hölzernen Staudamm durch den Alsterfluss ziehen, um eine Kornmühle zu errichten. Dieser Damm, später der so genannte Unterdamm, verursachte einen Stausee, der aber zu groß geriet: Heute würde er vom Rathausmarkt über den Adolphsplatz bis hin zum Neuen Wall reichen. Knapp fünfzig Jahre später ließ der Sohn, Adolf IV., einen weiteren Damm, oberhalb des Unterdamms, durch die Alster ziehen. Dieser nun so genannte Oberdamm befand sich etwa dort, wo heute der Jungfernstieg liegt, d. h. zwischen dem Gänsemarkt und der Bergstraße. Auch diesmal hatte man sich verschätzt, denn es geriet eine Fläche unter Wasser, die größer war als die heutige Binnen- und Außenalster zusammen: Der Mühlenteich reichte weit hinein in das heutige Harvestehude, Winterhude und in die Uhlenhorst. Selbst die Mühle in Eppendorf erlitt durch die Überflutung noch Schaden. (H.B.)

lich wurde. Zugleich festigten sich in dieser Zeit die Beziehungen zu Lübeck, die mit Bündnisverträgen seit 1241 schließlich zum Städtebund der Hanse führten.

Der Jungfernstieg zeugt als Mühlendamm also von der Phase der Begründung der Hanse, in deren Verbund sich Hamburgs Erfolgsgeschichte als Handelszentrum zuerst entfaltete.

Zugleich definiert die Nutzung des Alsterwassers als Energiequelle den Damm und den Wasserspiegel der Binnenalster als technisch-funktionale Einheit: Nicht nur als schöne Aussicht gehört der Alstersee zum Jungfernstieg, sondern als Mühlenteich. Und das Ganze zeugt so auch vom europaweit im 12. und 13. Jahrhundert einsetzenden Aufblühen der Wirtschaftskraft und der Modernisierung der Welt durch die Städte und ihre Bürger. Von Mantua bis Lübeck lässt sich auch am Mühlenbau beobachten, dass das Mittelalter ein »Zeitalter des Wassers« war. Wo gälte das mehr als in Hamburg.

Mauer und Neuer Wall

Im Mittelalter dienten im Übrigen Damm wie Mühlenteich auch zu Festungszwecken. Die Mühle war in die Stadtmauer integriert, der Müller hatte sie und den »Bergfried« mit zu bewachen, der den Damm schützte. Noch 1488 wurde am westlichen Ende des Dammes ein Geschützturm errichtet, der »Isern Hinnerk« oder »der Blaue Turm« (zwischen Alster und Gänsemarkt, 1727 abgetragen).

Die Modernisierung der Hamburger Stadtbefestigung durch neue Wälle im 16. Jahrhundert setzte für fast hundert Jahre eine Zäsur in die Mitte des Dammes. Von dort nach Süden war 1530/38 vor den alten Stadtgraben ein »neuer Wall« aufgeworfen worden und davor als Graben das später so ge-

Der »Blaue Turm«

Der »Blaue Turm« wurde im Jahre 1672 umgebaut und erhielt anstelle des bläulich schimmernden Schieferdaches rote Dachpfannen. Da er zum Aufbewahren von Schießpulver diente, was den anliegenden Bewohnern zu Recht als gefährlich erschien, machte man beim Rat der Stadt eine Eingabe, das Schießpulver am Stadtwall zu lagern. Man wies darauf hin, dass nicht nur die Wohnkaten der Anwohner, sondern auch das aus Holz gebaute Opernhaus am Gänsemarkt gefährdet seien. Außerdem sei es auch für die Fürstlichkeiten gefährlich, die bei ihren Hamburg-Aufenthalten gern am Jungfernstieg wohnten. Der Rat zeigte sich jedoch uneinsichtig, und erst ein halbes Jahrhundert später, 1726, wurde der »Blaue Turm« geräumt und zwei Jahre danach abgerissen. (H.B.)

nannte Bleichenfleet. Hierher wurde 1548 das »Dammtor« gesetzt, geschützt von einer Bastion. Seine Inschrift ermahnte zur Frömmigkeit und – als »Band der Stärke und Unterpfand der Freiheit« – zur bürgerlichen Eintracht.

Zusammen mit den davor im Glacis des Walles angelegten Bleichenwiesen verblieb die westliche Hälfte des Dammes außerhalb des Walles, also außerhalb der Stadt, und war doch durch den »Blauen Turm« geschützt. Sie erhob sich über die grüne Niederung einerseits und über den Alstersee andererseits. So wurde er offenbar bald als besonders reizvoll wahrgenommen. Kupferstiche aus dem 16. und 17. Jahrhundert zeigen, dass hier für Hamburg ungewöhnlich herrschaftliche Häuser errichtet wurden; es waren wohl die größten der Gartenhäuser, die seit der frühen Neuzeit die Peripherie Hamburgs zierten. Übrigens waren es tatsächlich die nach Süden, also zur Rückseite, hin gelegenen Gärten, die dafür die Hauptachse bildeten. Der Damm hingegen, also die aus späterer Sicht so schöne Wasserseite, diente noch ganz profanen Zwecken, nämlich zur Lagerung von Brennholz, das über die Alster aus Stormarn herangeführt wurde. Für größere Balken gab es nebenbei seit der Anlage des Dammes eine »overtucht«, mit der sie über den Wall gezogen und weiter zur Elbe geschwemmt werden konnten.

Die Promenade

Erst in langen Zeiträumen entwickelte sich aus dieser zweckrationalen Realität der Stoff, aus dem inzwischen der Mythos wurde.

Die Anlage des neuen Festungswalles 1615–1625, der seitdem den Alstersee in Binnen- und Außenalster zerlegt, hatte den ersten fundamentalen Funktionswandel zur Folge. Die Mühle und ihr »Binnen«-Teich, ihr Staudamm insgesamt, wurden nämlich jetzt in die Stadt eingeschlossen, ja, sie

»Palmaille«

Fast wäre der heutige Jungfernstieg zur »Palmaille« geworden. Dieser französisch anmutende Name kommt aus dem Italienischen und ist eine Zusammensetzung von »Palle« = der Ball und »Maglio« = hölzerner Schläger. Die Schauenburger Grafen gedachten, den im 30-jährigen Krieg arg gebeutelten Altonaern etwas Gutes zu tun, und ließen bei der heutigen Straße »Palmaille« Bahnen für das Palle-Maglio-Spiel anlegen. Der Volksmund machte daraus »Palmaille«. Da sich dieses Spiel großer Beliebtheit erfreute, hofften die Schauenburger, mit dieser Attraktion zahlungskräftige Hamburger nach Altona zu locken. Die Hamburger hatten aber keine Lust, den weiten Weg nach Altona zu machen, und legten kurzerhand eine eigene Bahn auf dem »Damm« an. So kam es, dass die Promenade offiziell den Namen »Palmaille« erhielt. (H.B.)

rückten in ihr Zentrum. Der Jungfernstieg wurde zum Übergang zwischen der mittelalterlichen Altstadt und der seitdem schnell besiedelten »Neustadt« (dem Kirchspiel St. Michaelis). Aus einem vorgeschobenen Festungswerk wurde eine innerstädtische Gasse, das neue Dammtor rückte weit hinaus an seine heutige Stelle, das erste verschwand 1678. Aus dem Mühlendamm wurde der »Jungfernstieg«.

Ohne den Schutzraum der Stadt zu verlassen, war es jetzt möglich, im Freien zu promenieren – ideal, um Tugend und das Sich-Ergehen in frischer Luft zu verbinden; der Name gibt hinreichend Auskunft darüber.

Ob tatsächlich eine »Palmaille« dafür die Voraussetzungen geschaffen hat, wie es heißt, steht dahin. Jedenfalls war das auf baumbestandenen Rasenbahnen gespielte »Palla al maglio« (»Hammerball«) als Gesellschaftsspiel in der Mitte des 17. Jahrhunderts en vogue, hatte nicht nur in Altona seinen Ort, sondern etwa auch in Hamburg-St.-Georg (Adenauerallee!). In Straßennamen hohen Prestiges lebt es in London (Mall und Pall Mall) und anderen großen nordeuropäischen Städten fort. Vor dem alten Dammtor wurde jedenfalls 1665 der alte Holzlandeplatz aufgehöht und geebnet, mit Planken begrenzt und mit zwei Reihen Linden so bepflanzt, dass man auch hier das Spiel hätte treiben können. Die Allee bot seitdem Fußgängern auf der Wasserseite Schatten; vor den Häusern verlief weiterhin der Fahrweg.

Zwar arbeiteten die Mühlen (nach dem Großen Brand von 1842 als »Stadtwassermühle«, wovon noch ein Straßenname zeugt) weiter, aber aus dem Damm wurde jetzt immer mehr ein Ort des Freizeitvergnügens.

Die Südseite des Jungfernstiegs wurde jetzt dicht bebaut – wenngleich heterogen. Die wichtigsten Häuser wurden von den angesehensten Bürgern genutzt, aber auch von vornehmen Lokalen und Hotels. Bürger wie Fremde schätzten offensichtlich die Nähe zum Spaziergang und die beidseits freie Lage der Häuser.

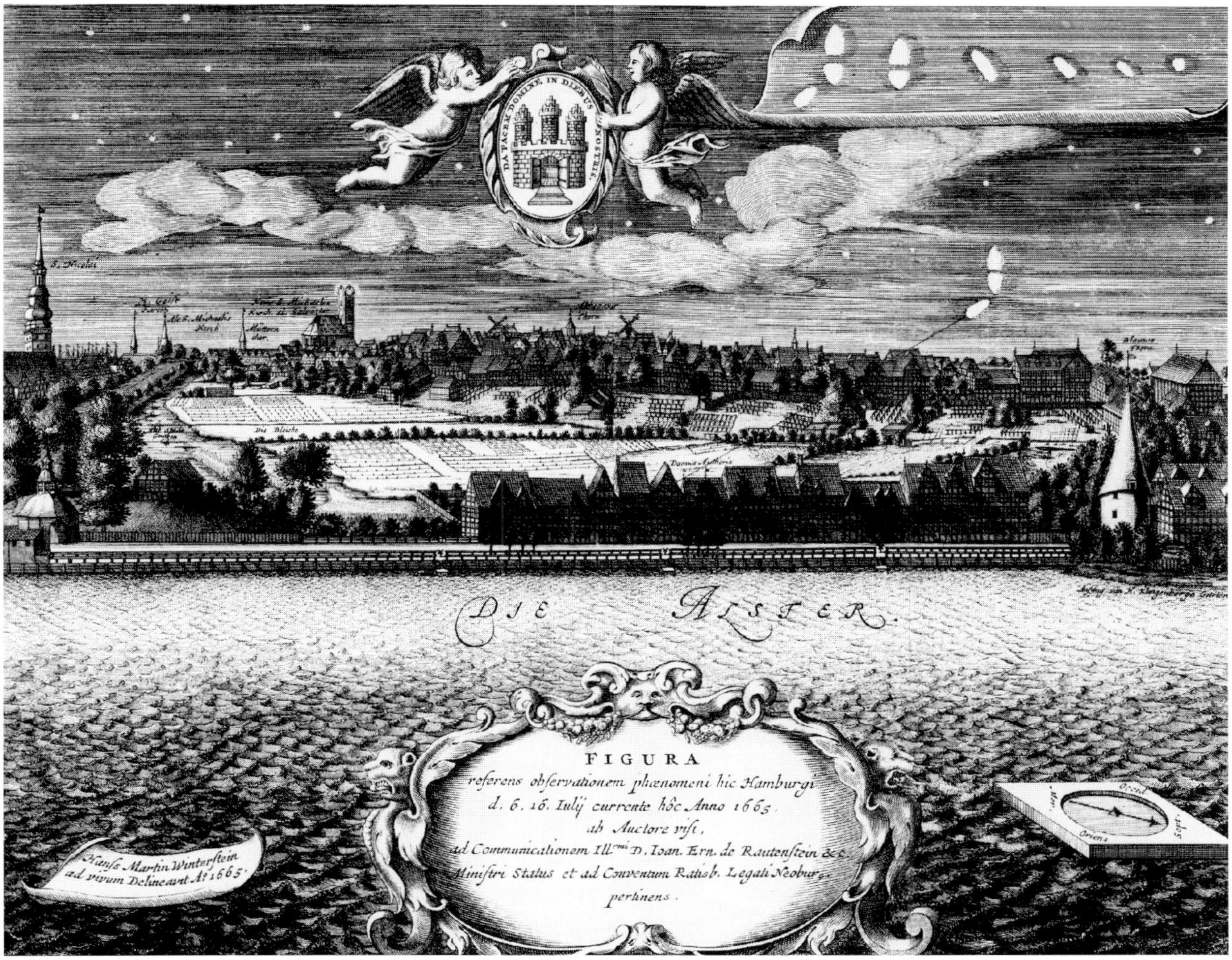

Erste erhaltene Stadtansicht von Norden. Der Komet von 1664/65 über der Binnenalster mit dem Damm vor dem Dammtor. Links der »Neue Wall« und das Wachhaus des Dammtors, rechts der »Blaue Turm«

Lustfahrten auf der Alster

Der Jungfernstieg war eine romantische Straße. Bänke luden zum Verweilen ein, und man hatte einen schönen Blick auf die Alster. Seit 1610 gab es auf der Alster Lustfahrten auf so genannten »Spielschüten«. Zum Schutz vor Unwettern hatten die Boote ein Dach und waren seitlich mit Fenstern versehen. Gegen ein geringes Entgelt konnte man sich stundenlang auf ihnen aufhalten. Meist begleiteten Musiker die Fahrten, die bis in die Gegend der heutigen Mundsburg, nach Winterhude, Eppendorf und Harvestehude führten. Ein halbes Jahrhundert nach Umwandlung des »Dammes« besang der Dichter Friedrich von Hagedorn den Jungfernstieg: »Das Ufer ziert ein Gang von Linden / in dem wir holde Schöne sehen, / die dort, wenn Tag und Hitze schwinden, / entzückend auf- und niedergehen.« (H.B.)

Die »Aussicht« auf die Binnenalster gehörte dazu – wenngleich sie noch lange Zeit nur bedingt von Belang war. Am Altstadtufer lagen funktionsbedingt höchst unordentliche Zimmerplätze und städtische Einrichtungen zweifelhaftester Lebensqualität wie das Zuchthaus und das Spinnhaus. Westlich der Alster stand zwar seit 1677, etwas abgerückt zum Gänsemarkt hin, das Stadttheater – das früheste und größte bürgerliche Opernhaus des deutschen Barock! –, aber vor allem auch seit ca. 1600 der städtische Kalkhof mit seinen zwei ungestalten, ständig rauchenden Meilern – wenngleich von der Alster durch Gärten distanziert. Die »Aussicht« gehörte also nicht zu den besten in Hamburg und wurde nie Gegenstand des Ruhms.

Das änderte sich allerdings in entscheidender Weise zu bestimmten kurzen, glanzvollen Zeiten, nämlich wenn die Reichsstadt – meist als Huldigung an neu gekrönte Kaiser – Staatsfeste ausrichtete. Dann gab es nicht nur Kirchenmusik und abends feierliche Opernaufführungen, sondern vor allen Dingen als Höhepunkt prächtig inszenierte, programmatisch reich bestückte Feuerwerke auf der Binnenalster. Für diese temporäre Freilichtbühne wurde der Jungfernstieg für die Bürger der Stadt zum Parkett, die Häuser dahinter zu Logenplätzen, in denen sich Bürgermeister und Rat sowie vor allem die zahlreichen Gesandten auswärtiger Staaten einfanden, um den prachtvollsten städtischen Festen zu applaudieren, die es im Heiligen Römischen Reich Deutscher Nation wohl je gegeben hat. Diese Tradition endete 1745. Sparsamkeit und die nüchterne Vernunft der Aufklärung spielten dabei wohl zusammen.

Die Binnenalster als barocker Festplatz ist seitdem gänzlich in Vergessenheit geraten. Bis dahin aber gab sie dem Jungfernstieg und der Stadt gewissermaßen Traumzeiten, in denen sich ihr alltäglich-profaner Hinterhof-Charakter in gleichsam überirdisch-virtueller Weise verwandelte: »Und eben dieser Alster-Canal an und für sich selbst gab durch den beständigen

Prinzessin von Ostfriesland

Um 1700 wohnten eine Reihe von Fürstlichkeiten am Jungfernstieg. Zar Peter der Große gehörte dazu, der bei seinem Residenten Röttger wohnte, sowie die Prinzessin von Ostfriesland. Die Umstände ihres Todes sorgten dafür, dass es am Jungfernstieg nicht immer nur heiter und fröhlich zuging. Als sie 1717 starb, lag ihr Leichnam sechzehn Monate in ihrer Wohnung am Jungfernstieg, bevor er bestattet werden konnte. Die 59-Jährige war sechzehn Jahre heimlich mit ihrem Beichtvater, dem Pastor Joachim Mergenwaldt, verheiratet gewesen, und nun stritten die Nachkommen erbittert und pietätlos um das Erbe. (H.B.)

Wiederschein im Wasser dem ganzen Feuerwerke, vom Anfang bis zum Ende, ein besondres Ansehen«, hieß es 1745.

Die leeren Kassen des Fortifikations-Departements führten 1706 dazu, dass der längst nutzlose »Neue Wall« abgetragen und bis 1708 sein Gelände parzelliert wurde. So vollzog sich mit direkter Ausmündung auf den Jungfernstieg – da, wo einst das »Dammtor« stand – barocker Städtebau. Freilich entstand keine »Achse« mit Symmetriebezügen, aber doch die erste gerade Straße Hamburgs. Franz Andreas Meyer hat dann viel später dafür gesorgt, dass sie mit dem Turm der Kirche St. Gertrud einen fernen Blickpunkt erhielt und damit den freien Raum ahnen lässt, der sich an der Einmündung zum Jungfernstieg öffnet. 1713 wurde die Lindenallee des Jungfernstiegs auf der ganzen Länge des Dammes neu angepflanzt. Die Großen Bleichen folgten 1716, erhielten jedoch erst nach 1842 den Anschluss an den Jungfernstieg – direkt gegenüber vom Alsterpavillon, der den Fernblick der Straße begrenzt.

Das Gesicht der Stadt

Man darf sich keine Illusionen machen: Hamburg hat sein »schönes« Gesicht jahrhundertelang genau auf der anderen Seite der Stadt verortet. Seit den frühesten überlieferten Stadtansichten bis in die Zeit um 1800 zeigen alle Bilder der Stadt, die ihre Identität unter Beweis stellen sollten, insbesondere die Vorderseiten der Hamburger Staatsmedaillen des Barock, der so genannten »Bank-Portugalöser«, die Ansicht von der Elbseite her, mit Grasbrook, Seeschiffen, Wall, Häusermeer und Kirchtürmen. Der Mühlenteich blieb irgendwie Rückseite, wie es der westliche Stadtrand schon im Mittelalter gewesen war.

Medaillen zum sog. 1000-jährigen Jubiläum der Stadt Hamburg.
Die linke zeigt die traditionelle Stadtansicht von Süden,
die rechte den Jungfernstieg mit dem ersten Alsterpavillon

Das änderte sich fast schlagartig um 1800: Seitdem werden die Binnenalster und der Blick von Norden auf die Stadt zum identitätsbildenden Motiv, der Ort zur »Guten Stube« des Gemeinwesens. Die Ansicht von Süden wird aufgegeben.

Veränderte Vorstellungen von Lebensqualität, die durch die Aufklärung sich verbreitende Sehnsucht nach der freien Natur, nach gesundem Leben in frischer Luft und im Grünen, wie sie sich im ausgehenden 18. Jahrhundert vor allem in der Hamburger Landhauskultur entfaltet hatte und deshalb das Umland jenseits der alten Wälle »fast wie eine neue Stadt« (Willebrand 1772) idealer Modernität erscheinen ließ, gaben auch dem Freiraum mitten in der Stadt und seinen Ufern geradezu idealen Charakter. Der »Lombards-Wall« im Blickpunkt der Binnenalster war trotz seiner Festungsfunktion längst selbst zum beliebten Spaziergang geworden und bot vom Jungfernstieg aus, besonders seit der Umwandlung der Wälle in einen Landschaftspark ab 1819, einen verlockenden Anblick.

Vor allen Dingen hatte sich auch hier die »Hamburgische Gesellschaft zur Beförderung der Künste und der nützlichen Gewerbe«, die so genannte »Patriotische Gesellschaft«, engagiert. Diese 1765 gegründete Versammlung von Hamburger Bürgern, die durch praktische Aufklärung, durch gemeinnütziges Handeln, durch Begeisterung für die bürgerliche Mitwirkung in ihrer alten Stadtrepublik die Modernisierung der Stadt vorantrieben, setzte sich bald auch deren Verschönerung zum Ziel. 1791 ergriff sie am Jungfernstieg die Initiative, »diese unsere einzige und so trefliche Promenade ... gangbarer, und auch selbst beim anhaltendsten Regenwetter gangbar zu machen«. Auch der Senat (der selbst zu einem guten Teil aus »Patrioten« bestand) stellte fest, es sei »ohnstreitig einer der besten Spatziergänge der Stadt«, und ging über den Vorschlag hinaus. Die Stadt schuf 1796 den Jungfernstieg, wie er seitdem die Erinnerung verklärt. Vor die Häuser wurde ein Trottoir gelegt, die Fahrstraße

Ruhestörung

Es ist belegt, dass sich Anlieger des Jungfernstiegs über den Verkehrslärm, der von den eisenbeschlagenen Rädern der Kutschen, den Reitern, die mit ihren Peitschen knallten, und vom Geschrei der Straßenverkäufer herrührte, beschwert haben. Zeitgenössische Berichte behaupten, auf dem Jungfernstieg hätten sich zeitweilig mehrere tausend Menschen aufgehalten, und selbst nachts wäre man dort flaniert. Schließlich mussten die Stadtväter eingreifen. Um den vornehmen Charakter der Promenade zu wahren, erließ man 1739 ein Mandat, dem zufolge man sich auf dem Jungfernstieg schicklich zu betragen habe und keine Händel beginnen dürfe. Ruhestörung war unter Androhung schwerer Strafen verboten. Dieses Mandat musste mehrfach erneuert werden – vielleicht ein Beweis für das bereits früh ausgeprägte Selbstbewusstsein der Hamburger Bevölkerung. (H.B.)

wurde über die ganze Dammbreite ausgedehnt und davor, nun allerdings in gleicher Breite, ein neuer Damm aufgeschüttet, der ausschließlich als Promenade diente. Zur Straße mit Pollern und Ketten gesperrt, durch drei Reihen Linden (deren mittlere 1822 wieder entfernt wurde) tagsüber beschattet, durch Laternen abends erhellt, bald durch Erfrischungspavillons bereichert, zur Alster durch eine hohe Ufermauer mit schönem Eisengeländer markant begrenzt, wurde der alte »Steig« zum modernen »Spaziergang«.

Hamburg hatte damit den Ort für eine gesellschaftliche Kulturform gewonnen, die in ihrer Bedeutung für das beginnende bürgerliche Zeitalter kaum überschätzt werden kann. An die Stelle der aristokratischen Promenade im Park trat als tonangebende und stilbildende Form gesellschaftlicher Begegnung der bürgerliche Spaziergang im Kontext der Stadt: an Feiertagen außerhalb ihrer Mauern in den die Stadt umgebenden, durch Alleen erschlossenen Landschaften und Landhaus-Vororten, an Werktagen abends auf den Wällen; und allezeit auf eigentlich städtischen Spaziergängen, von denen in Deutschland vor allem zwei größten Ruhm genossen: die Straße »Unter den Linden« in Berlin und der Jungfernstieg in Hamburg.

Die besondere Schönheit und Attraktivität beider Straßen beruhte auf ihrem »städtischen« Charakter, das aber heißt eigentlich auf strengen Zwangslagen. Nach wie vor waren Städte durch Mauern und Tore nächtens verschlossen, der sommerliche Abendspaziergang also auf solche Sonderbereiche »in der Stadt« beschränkt. Dass gerade Hamburg durch seinen alten Mühlenteich das unglaubliche Privileg besaß, grüne Promenaden und einen See in diesem Sinne »allezeit« in der Stadt zur Verfügung zu haben, war einzigartig.

Selbst auswärtige Aristokraten erwarben hier Grundbesitz für städtische Wohnsitze, so auch noch um 1780 Louisa Friederika, die regierende Herzogin von Mecklenburg. Und ein Hamburger Bürger amtierte hier als toskanischer Konsul …

Ansicht des vergrößerten Jungfernstiegs, um 1797

Die Jungfernstiegbrücke
vom Alsterbade aus gesehen, 1830

Das Engagement der »Patriotischen Gesellschaft« ist mehr als eine lokale Bürgerinitiative. Darin drückt sich vielmehr die Signatur der Epoche schlechthin aus, die »Aufklärung« kultivierte ihr neues Menschenbild der Vernunft und des Einklangs mit der Natur eben auch in der Aufwertung des Spaziergangs. Und in der Öffnung der Stadt – der Verwandlung der Wälle in Parks und mit neuen, modernen Gebäudetypen. In dieser Zeit trat an die Stelle des alten hohen Giebelhauses das moderne, funktional differenzierte Wohnhaus, in Hamburg als ein Import aus den Zentren der Zivilisation, Paris und London. So erbaute der von den Patrioten ausgebildete Architekt Johann August Arens natürlich auch am Jungfernstieg vorbildliche neue Stadthäuser mit modernen Wohnungen und klassizistischen Fassaden.

Nichts konnte »Aufklärung« sinnlicher vergegenwärtigen als dieser sich verwandelnde Jungfernstieg. Aus dem dichten Gefüge der Altstadt herauskommend, trat man mitten in der Stadt ins Freie, ja an die große offene Wasserfläche der Binnenalster, vermittelt durch die baumbestandene Promenade. Gelobt wurde dieser Stadtbildeffekt seit dem 17. Jahrhundert, am meisten aber in dem Buch von »Hamburgs Annehmlichkeiten«, das der aufgeklärte, in Hamburg lebende dänische Staatspensionär Johann Peter Willebrand 1772 bzw. 1783 veröffentlicht hatte. Voll Begeisterung für die Stadtrepublik, sang er dem »freyen und glückseligen Hamburg« das Lob.

»Ich kenne keine Stadt in Deutschland, wo man reizendere Spatzier-Gänge antreffen könne …« Auf dem Wall sich ergehend, genieße man herrliche »Prospecte«, als Höhepunkt erscheint »der entzückende Anblick der Binnen-Alster«, »ein Amphitheater, welches noch kein Mahler nach Würden abzeichnen können«.

»Wie soll ich Ihnen aber, mein Herr, den so genannten Jungfernstieg

Wassersport

Im Juli 1836 wurde der »Hamburger Ruder Club« gegründet. Eine erste Ruderregatta fand im September 1844 statt, die erste Segelregatta fünfzehn Jahre später, 1859. Eine Attraktion auf der Alster war die so genannte »Entenjagd«, ein Spiel, bei dem Rudervierer in einem Karree von fünfzig Metern innerhalb von sieben Minuten aus einer mit einem Ruderer besetzten »Ente« einen Flaggenstock herausziehen mussten, der am Hintersteven dieser »Ente« befestigt war. Oder das »Fischer«- bzw. »Staakenstechen«, ein Geschicklichkeitsspiel unter den Alsterschiffern und Ewerführern. Diese fuhren auf kleinen Booten auf den Fleeten aneinander vorbei und versuchten sich mit hölzernen Stangen gegenseitig ins Wasser zu stoßen. Wer ins Wasser gefallen war, hatte verloren. (H.B.)

nach Würden beschreiben; einen in der Stadt an dem weiten Wasserbecken oder Behältniß an der so genannten Binnen-Alster mit dicken, schattigten Linden-Bäumen, mit vielen Bänken besetzten, und mit einem Geländer versehenen, mit Fleiß eben gemachten Spatzier-Gang, von mehr als vierhundert Schritten; was aber dieser Allee noch größere Anmut giebet, ist nicht nur die lebhafte Gasse, an welcher sie auf der einen Seite gränzet, sondern auch die unglaubliche Menge, der immer bis in den spätesten Abend in diesem Spatzier-Gange auf- und niedergehenden Menschen von allerley Alter, Kleidung und Ständen.

Gewiß, hier zu sitzen, und die Abwechslung der Gesichter und Kleider zu betrachten, und aus Beyden zu beurtheilen, wie der Stand und die Gemüthsbeschaffenheit des oft bey sich selbst lachenden, oder mit sich selbst zürnenden, oder eifrig in Geschäften gehenden, beschaffen sey; zu bemerken, wie unempfindlich die mehresten, von Gewohnheit verhärtet, einen Weg gehen, der in den Elisäischen Feldern unmöglich reitzender anzutreffen, ist warlich der erbaulichste Zeitvertreib eines sich hier ausruhenden philosophischen Spatzier-Gängers.

Kommt nun noch hinzu, daß das oben angezeigte Baßin im Sommer mit Gondeln oder bedeckten Lustböten, und im Winter mit einer Menge auf Schlitten fahrender oder auf Schlittschuhen laufender Menschen bedecket ist, und daß auf der andern Seite viele schöne Häuser zu erblicken sind, so weiß ich nicht, was man sich ergötzlicher erdenken könnte.

Damit aber die vollkommene Annehmlichkeit dieser Allee durch nichts vermindert werde, so sind Anstalten gemacht, daß man hier nicht von Bettlern überfallen und beunruhigt wird. Kurz, mein Herr, ich will darauf wetten, daß kein Fremder, und wär es auch ein Fürst, diesen Spatziergang je betreten habe, ohne in dem Innersten seines Herzens zu wünschen, solchen zeitlebens ruhig geniessen zu können.«

Der Jungfernstieg, Blick auf St. Petri (rechts)
und St. Jacobi (links), 1830

Der Jungfernstieg vom »Neuen Jungfernstieg«
aus gesehen, um 1835

Badeschiff

1793 nahm auf der Binnenalster vor dem Jungfernstieg ein Badeschiff seinen Betrieb auf: die erste Flussbadeanstalt Deutschlands. Nur Wohlhabende konnten sich das Vergnügen leisten, der Eintritt kostete sechs Schilling. Auch vom Genuss der medizinischen und Warmbäder blieb die Masse der Bevölkerung ausgeschlossen, denn diese kosteten sogar zwei Mark. Es gab zunächst zwölf Kabinen, von denen aus man direkt baden konnte. Die Kabinen lagen ca. sechzig Meter vor dem Jungfernstieg auf der Höhe der heutigen Alsterarkaden. – Da das Ansaugrohr der »Neuen Wasserkunst von 1620« sich nur fünfzig Meter entfernt befand, saugte es das Badewasser und die vom Schiff abgelassenen medizinischen Bäder auf. Kein Wunder also, dass es zu Klagen aus der Bevölkerung kam wegen des schlechten Geschmacks des Wassers. Der Betreiber konnte den Vorwurf jedoch von sich weisen: Alle Binnenalsteranlieger leiteten ihre Abwässer in dieses Becken. Nach dieser Affäre wurde der Betrieb auf dem Schiff sogar noch ausgeweitet, so dass man sich gezwungen sah, die Musik ab 22.00 Uhr zu untersagen. (H.B.)

Zur gleichen Zeit veröffentlichte Willebrand das Handbuch »Grundriß einer schönen Stadt«, in dem er alle Bedingungen für die Entfaltung bürgerlichen Lebens abhandelte; die »Spaziergänge« in und vor den Städten werden dort zu entscheidenden Merkmalen der Lebensqualität.

Nicht zuletzt aber ist es für eine Stadt wichtig, für Fremde attraktiv zu sein. »In vielen Theilen der Stadt muß man an den Seiten der Gassen Gegenstände erblicken, die ein Fremder nicht erwartete«, etwa ein Wasserbassin »wie in Hamburg der Jungfernstieg an der Alster«.

Fast drastisch gesteigert wurde übrigens der Spaziergang-am-Wasser-in-der-Stadt-Überraschungseffekt durch ein weiteres nüchtern-aufklärerisches Projekt der »Patrioten«, das »Badeschiff«, das zuerst 1793 mit Badekabinen für Männer und erneut 1810 – jetzt sogar mit Badekammern »für Frauenzimmer« und »in der Mitte einem Raum zum Schwimmen« versehen wurde und in der Südecke der Binnenalster vor Anker lag. Vor der Ausmündung des Neuen Walls war aus der Feuerwache »Nilus« ein Erfrischungspavillon geworden. »Ein vormaliger Marquis, jetzt Restaurateur Chastenest, hat mit französischer Industrie dem Jungfernstieg ein Restaurations- und Kaffeehaus – und was noch mehr ist! – einen chinesischen Pavillon zum point de vue gegeben. Diese bunte Pagode, einer schlechten Theaterdekoration ähnlich, ragt aus dem abgebrochnen Dach eines ihm dazu vergönnten Feuerspritzenhauses der Stadt hervor. Um diesen ungewöhnlichen Unterbau eines Tempels – dessen innehabende Rettungsgeräthe diesem doch wohl noch einmal von promtem Nutzen seyn können – zu verstecken, ist das Spritzenhaus, mit grellen Farben in – einen Felsklumpen verwandelt, mit, Felsblöcken ähnelnden, Brettern benagelt und in der Mitte eine schon wieder verblichene Durchsicht auf ein Alpengebirge angebracht …« (Aus: »Hanseatisches Magazin« 2, 1799, S. 47f.)

1801 wurde daraus der »Schweizer Pavillon«, der 1840 einen Neubau erhielt. Nach 1842 wurde hier ein Landeplatz angelegt.

Der Große Brand
Carl Reinhardt gibt in seinem Buch »Der fünfte Mai« eine eindrucksvolle Schilderung des brennenden Jungfernstiegs: »Vierundzwanzig Stunden später als beim Nikolaiturm schlugen die Flammen aus den Häusern am Jungfernstieg empor, und in kurzer Zeit war hier die Verwüstung bis an den Rand der Alster gedrungen, wo selbst die alten Linden und alle nach diesem Platz geborgenen Möbel Feuer fassten und verbrannten. Man sprengte die Häuser nach dem Gänsemarkt hin, um die Neustadt zu retten. Die ›Alte Stadt London‹, das Heinesche Haus und ›Streit's Hotel‹ wurden der Erde gleichgemacht. In den Keller der ›Alten Stadt London‹ brachte man sechs Zentner Pulver und legte den Zünder an. Er brannte nicht sofort, und zwei tapfere Männer wagten sich hinunter, um ihn zu erneuern. Es waren der Oberleutnant Voorjans und der Oberfeuerwerker Wegmann. Sie brachten den Zünder in Ordnung und ergriffen die Flucht, aber zu spät. Das Haus flog in die Luft, als sie noch in der Nähe waren, und der Oberfeuerwerker wurde in Stücke gerissen, während der Oberleutnant verwundet unter den Trümmern hervorgezogen wurde.« (H.B.)

Der »zweite« und der »dritte« Jungfernstieg

Vom 5. bis zum 8. Mai 1842 fiel ein großer Teil des alten Hamburg, von der Deichstraße bis zur späteren Straße »Brandsende«, dem Großen Brand zum Opfer. Auch die Bebauung am Jungfernstieg wurde davon vernichtet; durch Sprengungen hatte man das Übergreifen des Feuers auf die Neustadt verhindern können.

Die in kurzer Zeit durchgeführte Neuplanung und Neubebauung des Brandgebietes brachte einen modernen, durch die fast überall bevorzugte Putzbauweise hellen neuen Stadtteil. So erhielt auch der Jungfernstieg ein neues Gesicht. Seine Bauflucht wurde jetzt vollends begradigt und durch Neubauten gesäumt. Nach seinem Muster wurde die ganze Binnenalster vereinheitlicht. Darüber gab es vom ersten Wiederaufbauplan an, den der englische Ingenieur William Lindley vorgelegt hatte, Einigkeit in der Stadt.

Nach Aufgabe des Kalkhofes war bereits 1825–1827 westlich der Alster ein »Neuer Jungfernstieg« angelegt und damit die Verbindung zu den Wallanlagen (und dort zur neuen »Esplanade«) hergestellt worden; helle klassizistische Häuser säumten bald dieses Binnenalsterufer. Nach 1842 folgte nun auch am östlichen Ufer der »Alsterdamm« (heute Ballindamm) als »dritter Jungfernstieg«. So war also aus der Binnenalster insgesamt ein regelrechter Stadtpark-Corso geworden, aus dem Hinterhof der Stadt endgültig deren Salon. Unter schattigen Bäumen konnten die Spaziergänger jetzt um das Innenstadtgewässer zirkulieren.

Den »ersten« und den »dritten Jungfernstieg« verband die neue Reesendammbrücke. Über sie hinweg öffnete sich das neu gestaltete Stadtzentrum mit der Kleinen Alster samt den Alsterarkaden und dem künftigen Rathausmarkt sowie der Börse, seit 1884/97 dann auch mit dem Rathaus. Dieses Raumensemble hat Fritz Schumacher 1920 als das städtebauliche »Kunstwerk

Der Große Brand. Am 7. Mai 1842 steht
der Jungfernstieg in Flammen

Der Jungfernstieg und die Alsterarkaden vom »Alsterdamm«
(heute Ballindamm) aus gesehen, 1853

Pferdeomnibusse

Die Firma Basson & Co, Begründerin der heutigen HVV, begann 1839 mit vier aus England importierten, gebrauchten Pferdeomnibussen ihren Betrieb. Nach Westen hin, zwischen Hamburg und Altona, gab es vom Millerntor bis zum Nobistor einen regelmäßigen Fahrbetrieb, mit festem Tarif und geregeltem Fahrplan. 1893 begannen auf dem Jungfernstieg die Käsischen Fahrten: Stadtrundfahrten in englischen Mail-Coaches, die sich bei Einheimischen und Gästen großer Beliebtheit erfreuten. Es muss ein imposantes Bild gewesen sein, wenn fünf oder gar sechs dieser Coaches nacheinander durch die Stadt rollten. (H.B.)

Hamburg« schlechthin beschrieben. Der für die Planung 1842 verantwortlichen »Technischen Kommission« und ihrem Vorsitzenden Alexis de Chateauneuf war es vor allem darauf angekommen, dass über die Kleine Alster hinweg »... ein weiter Blick vom Jungfernstieg in die innere Stadt mit ihren Staatsgebäuden eröffnet ist«.

Nicht weniger eindrucksvoll ist die Wahrnehmung aus der Gegenrichtung. Bis heute steigert sich der Raumeindruck beim Gang vom Rathausmarkt über die Kleine Alster zur Binnenalster – womöglich durch die Alsterarkaden – und noch weiter hinaus bis zur Außenalster als unverwechselbares Herzstück des Hamburger Stadtbildes.

Die so Mitte des 19. Jahrhunderts erreichte, sozusagen biedermeierliche Modernität Hamburgs innerhalb der sicherheitshalber abends verschlossenen Tore brachte jene Idyllen hervor, die seitdem das kollektive Gedächtnis der Stadt bestimmen, und befestigte die Literaturgeschichte des Jungfernstiegs, wie sie zumal Heinrich Heines viel zitierte Schilderung begründet hat.

Als Gesamtensemble erhielten Binnenalster und Jungfernstieg, und das ist auch heute noch nachvollziehbar, durch den Bau der Verbindungsbahn von Hamburg nach Altona 1866 gewissermaßen ihre Pointe. Nicht nur bildet die dafür neu erbaute Lombardsbrücke seitdem einen schönen Blickpunkt innerhalb des Grüns des Lombardswalles (durchaus in der Tradition der »Palladian bridge« des klassischen Englischen Gartens). Vielmehr war die Inszenierung moderner Technik durch die Eisenbahn im Park ein gewünschter und in den Veduten der Binnenalster stets betonter Schaueffekt – Realität und Theater zugleich. Fast möchte man die einst Funken sprühenden Dampflokomotiven in die Tradition der barocken Feuerwerke stellen.

Die Inbetriebnahme der Verbindungsbahn kann man ziemlich exakt als den Höhepunkt und Wendepunkt der bürgerlichen Kultur an Jungfernstieg

Der Jungfernstieg, 1891

Hotels

1817 eröffnete an der Ecke Jungfernstieg und Große Bleichen das First-Class-Hotel »Hotel de Russie«. Einige Jahre später folgte das »Hotel Belvedere«. Zur Eröffnung von »Streit's Hotel« im Jahre 1837 gab der Besitzer Christian Streit im »Hamburger Correspondenten« eine Anzeige auf: »Der Unterzeichnete beehrt sich hierdurch die ergebene Anzeige zu machen, dass er den Gasthof ›Der Römische Kaiser‹ erworben hat. Derselbe empfiehlt sein Etablissement dem wohlwollenden Reisenden, sowohl wie auch dem hiesigen Publikum bestens und wird sich bemühen allen Anforderungen gut und durch reelle Bedienung zu entsprechen. Hamburg, den 12. Mai 1837, C. Streit.« (H.B.)

und Binnenalster ansehen. Noch lebten die meisten Mitglieder der Hamburger tonangebenden Gesellschaftsschichten – die, die sich den abendlichen Spaziergang nebst Erfrischung und Unterhaltung leisten konnten – in der Stadt. Die Lindenreihen auf dem (inzwischen »alten«) Jungfernstieg, auf dem Neuen Jungfernstieg und dem Alsterdamm waren herangewachsen, und die Häuser an allen drei Straßen waren alle »modern«, hell und ungefähr gleichmäßig in Maßstab und Stil. Eine einheitliche bürgerliche Kulisse für die sich davor erstreckenden Promenaden, die übrigens auch weitgehend frei von störendem Verkehr waren, denn der verlief im Hintergrund der die Binnenalster säumenden Häuserblöcke; vor allem im Osten nicht über den Alsterdamm, sondern über Ferdinand- und Hermannstraße, die Hauptzufahrtsstraße zum Rathausmarkt. Der Lombardswall prangte als Park und bot damit eine Kulisse für die knappen Durchblicke zum Freiraum der Außenalster – und darüber immer neu die Eisenbahn.

Citybildung

Und doch war eben das bürgerliche Zeitalter längst auch über die alten Wälle hinausgewachsen. Die Stadterweiterung als Hauptaufgabe der Städte des 19. Jahrhunderts hatte Hamburg erfasst.

Zum Jahreswechsel 1860/61 wurde die »Torsperre« aufgehoben. In wenigen Jahrzehnten trennten sich die Funktionen der Stadt. Aus dem alten Hamburg wurde eine »City«. Die bürgerlichen Quartiere wurden zu Kontorvierteln. Seit den 1880er Jahren verdrängte der neue Typus des Kontorhauses die biedermeierlichen Stadthäuser, und die Speicher wanderten in den Freihafen ab. Vor allem aber zog man zum Wohnen hinaus in die neuen Viertel beidseits der Alster.

Der Jungfernstieg vom »Neuen Jungfernstieg« aus gesehen.
Rechts das »Heine-Haus«, daneben der »Hamburger Hof«, um 1901

Alsterhaus

Im März 1982 feierte die Firma Hertie ihr 100-jähriges Bestehen. Die erste Tietz-Filiale in Hamburg eröffnete am 1. März 1897 am Großen Burstah. Später siedelte Tietz zum Jungfernstieg, ins Alsterhaus, über. Darüber berichtet der »Hamburger Correspondent« in einer Ausgabe vom April 1912: »Neubau in Scholvien-Passage. Am Jungfernstieg bahnt sich eine bedeutende Umwälzung baulicher Art an. Abermals wird in die Häuserreihe, die nach dem Großen Brand im Jahre 1842 entstanden ist, eine Bresche geschlagen, um einem modernen Geschäftspalast Platz zu machen. Die Firma Tietz hat das 5200 Quadratmeter große Grundstück ›Scholviens-Passage‹ mit ihren zwei Häuserreihen sowie das angrenzende Hotel ›Zum Kronprinzen von H. L. Scholvien‹ für den Preis von mehr als 6 Millionen Marck zur Errichtung eines Warenhauses angekauft. Das ist das größte Grundstücksobjekt, das in Hamburg je gehandelt wurde.« (H.B.)

Die Entwicklung zog sich lange hin. Aber bis zum Ersten Weltkrieg war es so weit, dass die Außenalster zum neuen Spazierrevier der bürgerlichen Schichten geworden war, dass dort inzwischen eine (durch die jahrzehntelange Arbeit des Oberingenieurs Franz Andreas Meyer) parkartig ausgestaltete Ringstraße die abendliche Spazier*fahrt* als neue Form der Promenade möglich machte. Die Binnenalster verlor ihre wichtigste Aufgabe. Als die Bebauung ihrer drei Jungfernstiege noch vor dem Ersten Weltkrieg weitgehend durch Kontorhäuser ersetzt worden war, hatte die Citybildung sie einverleibt. Sogar der Versuch, eine Promenade unabhängig vom Wetter anzubieten, scheiterte: »Sillems Bazar«, die 1842–1845 nach Pariser Mustern errichtete größte »Passage« Hamburgs, musste 1880 schließen. An ihrer Stelle entstand 1881–1883 als Hotel der »Hamburger Hof«.

Der eigentliche Jungfernstieg hat das alles pünktlich zur Jahrhundertwende vollendet zum Ausdruck gebracht. Wie zugleich die Außenalsterparks von Franz Andreas Meyer vorangebracht wurden, so plante dieser seit 1897 eine scheinbar ganz traditionsgebundene, in Wahrheit radikal großstädtische Neugestaltung des Jungfernstiegs. Aus dem Spaziergang wurde ein Verkehrsknotenpunkt. 1897–1901 wurde die Breite des Jungfernstiegs erneut verdoppelt und abermals die gesamte Breite des Vorgängers für den Fahrzeugverkehr in Anspruch genommen. Die Straßenbahnlinien vom Rathausmarkt nach Westen wurden auf den Jungfernstieg verlegt. Für die Bewohner der Außenalsterviertel (und die Ausflügler dorthin) wurde eine gewaltige Landungsbrücke für Dampfboote geschaffen. Es wurde erneut auch eine Promenade ganz im alten System, also jenseits der Fahrstraße, als abgegrenzter, mit Linden bestandener Bereich, angelegt, aber sie erhielt jetzt nicht mehr die markante scharfe Wasserkante, sondern wurde von der Binnenalster durch die Landungsanlagen weit abgerückt. Da half es wenig, dass sie durch romantisch-historisch gestaltete, unterirdische Bedürfnisanstalten (Lichtwark

Max Kempinski

Am Jungfernstieg 24 eröffnete Max Kempinski 1897 ein Wein- und Austernrestaurant. Kempinski war ein Original. So verlegte er beispielsweise schon mal Feiertage auf andere, ihm für sein Geschäft genehmere Tage. Einmal erwischte er zwei Einbrecher, die später betrunken festgenommen wurden. Als Kempinski vom Richter gefragt wurde, ob die Einbrecher ihm gegenüber gewalttätig geworden seien, antwortete er: »Zunächst schon, da haben sie mich gefesselt und geknebelt. Später haben sie mich aber wieder befreit, und ich musste mit den beiden Burschen sogar noch Brüderschaft trinken.« (H.B.)

sprach von »versunkenen Kathedralen«) und ein festungsartiges, zweckloses »Rondell« vor der Ausmündung des Neuen Walls verklärt wurde. Meyer starb bald nach der Fertigstellung des Jungfernstiegs, und das Gerede ging dahin, dass ihn die einhellige Kritik an seinem Werk ins Grab gebracht habe. Selten hatte sich Hamburg für ein städtisches, zudem überaus aufwändiges Projekt eine so katastrophale öffentliche Meinung eingehandelt. Die tatsächlich fast absurd verspielten Kandelaber für Oberleitungen und Straßenbeleuchtung trugen ebenso dazu bei wie die merkwürdig altmodische Gestaltung des Ganzen – und nicht zuletzt der Verlust des alten Jungfernstieg-Erlebnisses. Als Spaziergang war die Lindenallee durch Verkehr auf beiden Seiten isoliert, und sie wurde wohl auch gar nicht mehr richtig gebraucht. City und Verkehr forderten jetzt offensichtlich mehr Rechte als der biedermeierliche Stadtspaziergänger.

Und das ist so geblieben. Die Neugestaltung des Jungfernstiegs 1931 (im Zusammenhang mit der Anlage einer U-Bahn-Linie darunter, der heutigen »U 1«) hat die Meyer'schen Kandelaber zwar verschwinden lassen, und die Promenade erschien damit wieder freundlicher, aber jetzt kam der Automobilverkehr ins Rollen und reduzierte den Spaziergenuss. Vorschläge, die Binnenalster mit Galerien zu umbauen, den Fahrverkehr in das Untergeschoss zu verbannen und die Promenaden »an Deck« gewissermaßen wiederzugewinnen, blieben verständlicherweise utopisch.

Dass der Jungfernstieg freilich immer noch seinen Mythos zu leben versuchte, zeigt die Nachkriegszeit. Zur Internationalen Gartenbauausstellung 1953 bildete er mit dem neuen Alsterpavillon eine Hauptattraktion – und hatte doch soeben die innere der beiden Lindenreihen verloren, um neuen Raum für den Autoverkehr anzubieten. Seitdem hat sich die alte Freiraumqualität ganz auf die Landungsbrücken zurückgezogen. Und dass dann zur IGA 1973 (samt Anlage neuer U- und S-Bahn-Linien unter dem Jungfernstieg) die

Der Jungfernstieg mit dem Wartehäuschen
der Alsterdampfer (vorne rechts), 1901

Meyer'sche Ausgestaltung endgültig getilgt und »modern« in klaren Linien ersetzt wurde, vermag längst niemand mehr als Zugewinn an einladender Freundlichkeit zu erleben. Der reizende expressionistische »HAPAG-Pavillon«, den Richard Laage 1924 auf das »Rondell« gesetzt hatte, wurde damals sorgfältig abgetragen, um ihn irgendwann wieder zu errichten; leider sind seine Teile aber verloren gegangen …

Die paradoxe Konsequenz des Verlusts des alten Jungfernstiegs ist merkwürdig genug. Neue Lindenreihen wurden auf dem Trottoir vor den Geschäftshäusern gepflanzt – und auf dem Mittelstreifen der Autostraße.

Rot-weißes Hamburg

Die »Binnenalster-Verordnung« hat den Wiederaufbau nach dem Zweiten Weltkrieg genutzt, um möglichst viel von biedermeierlichem Erinnerungsgut in der Randbebauung wiederzugewinnen. Durch ihre Gestaltungsmaßgaben wurde die Dachlandschaft vor allem der Kontorhäuser beruhigt, die Farbigkeit der Fassaden hell definiert, der Maßstab blieb allerdings auf den der Kontorhäuser begrenzt. Das Thema der »weißen« Stadt, wie es seit 1842 entstanden war, klingt so weiter und mit eindrucksvoller stadträumlicher Wirkung nach. Nicht zuletzt ergibt sich dadurch auch ein traditionsreicher Fernklang.

Zur »amphibischen« Typologie der Stadt gehört seit dem Mittelalter nicht nur die innige Durchwirkung von Land- und Wasserwegen, sondern auch die Ausbildung charakteristischer Land- und Wasserbilder der Architektur. Zur Straße hin repräsentative Bürgerhäuser – mit Stein- und Putz-Dekorationen – zeigen zu den Fleeten ihre Arbeitsseite, bestimmt durch rote Ziegelfarben. Zwei sich durchdringende Stadtbilder charakterisieren so die »rot-wei-

Der Jungfernstieg vom heutigen Ballindamm aus gesehen.
Im Vordergrund die Reesendammbrücke und die Alsterarkaden,
nach 1943

Alsterinsel

1895 besuchten Kaiser Wilhelm II. und die deutschen Bundesfürsten vor der Eröffnung des »Kaiser-Wilhelm-Kanals«, heute Nord-Ostsee-Kanal, Hamburg. Aus diesem Anlass wurde auf über 700 Pfählen eine riesige künstliche Insel auf der Binnenalster errichtet. Im Ostteil stand ein Wikingerturm und im Westteil das große Kaiserzelt. Das Ganze war allerdings ein Missverständnis, denn der Kaiser hatte bei seiner Reiseplanung nebenbei bemerkt: »... und Kaffee trinken wir wieder auf der Alsterinsel«, womit er die Badeanstalt an der Alsterlust unterhalb der Lombardsbrücke meinte, wo er schon 1888 gewesen war. Der Hamburger Senat jedoch ließ in panischer Eile eine Alsterinsel bauen, die nach dem Kaiserbesuch sechs Wochen lang zur Besichtigung freigegeben wurde. Das »kleine« Missverständnis kostete die Stadt die beachtliche Summe von 160000 Mark. (H.B.)

ße« Wechselwirkung von Wasser und Land in Hamburg. Sogar Kontorhäuser, zum Beispiel das »Europahaus«, haben noch um die Jahrhundertwende diese Zweifarbigkeit zwischen Straße und Fleet, Vorder- und Rückseite ausgespielt. Wer gegen diese Konvention verstieß, geriet unter Kritik: zum Beispiel um 1910 der Neubau der Deutsch-Amerikanischen Petroleum-Gesellschaft am Neuen Jungfernstieg als Ziegelrohbau oder der rote Sandsteinbau des »Hamburger Hofs« in der Gründerzeit.

Durch die Entmischung der Funktionen infolge der Citybildung entfiel zwar die sachliche Begründung für diese »zwei Stadtbilder«, aber sie wurden merkwürdig konsequent und bis heute für Hamburgs Stadtbild entscheidend neu formuliert. Die Stadt als Ganzes nahm jetzt die alte Typologie auf, nämlich mit der Backstein-Speicherstadt einerseits und dem neuen Kern der Stadt andererseits, seien es Rathaus und Börse oder aber die drei Jungfernstiege an der Binnenalster. Noch einmal definierte sich dieser Stadtraum auf diese Weise als repräsentative Schauseite, als eigentliche Wasserfassade, als »waterfront« der Stadt – in dialektischer Spannung zur Arbeitswelt der Wasserkante an der Elbe.

Die so wichtig gewordene Verkehrsbedeutung des Jungfernstiegs im Großstadtgefüge hat dies in fast didaktischer Weise herauspräpariert und für das Stadterlebnis erfahrbar gemacht. Seit der Entfaltung des Hafens vom Sandtorkai in die Elbe hinein, insbesondere seit der Entwicklung des Freihafens, wurde die ehemals ganz nebensächliche Brandstwiete zur Hauptverkehrsverbindung zwischen Stadt und Hafen, zur amphibischen Brücke sozusagen. Und das war vorbereitet durch den neuen Stadtplan, wie er nach 1842 systematisiert worden war. Diese Spange führte nicht genau ins Zentrum der Stadt, auf den Rathausmarkt, sondern an ihm vorbei zum Jungfernstieg, die Haupteinfallstraßen, vor allem Hermann- und Ferdinandstraße, kreuzend. So schloss sie jene zwei so grundverschiedenen Wasserseiten

Alsterpavillon

Den ersten Alsterpavillon aus dem Jahre 1799 verdanken wir dem französischen Vicomte Augustin Lanclot de Quatre Barbes. Der Vicomte vermisste beim Flanieren auf dem Jungfernstieg neben den Geschäften und feinen Restaurants ein Kaffeehaus. Er beantragte bei der Stadt die Konzession für ein Café, das unmittelbar am Alsterbecken liegen sollte. Die Genehmigung wurde erteilt, »mitnichten«, hieß es jedoch, »werde daselbst eine Art Kartenspiel oder Würfeln noch sonstiges Spiel geduldet«. Auch Tabak durfte nicht geraucht werden. Der Vicomte brachte mit dem Alsterpavillon ein Stück französische Lebensart nach Hamburg. Es gab Erfrischungen aller Art und Gefrorenes. In dem Vertrag drohte die Stadt, dass »bei Nichteinhaltung der gestellten Bedingungen das Gebäude der löblichen Kämerey zur freien Disposition zu überlassen« sei. Zu den schwierigsten Bedingungen, die der Vicomte einhalten musste, gehörte die »tägliche Bewässerung im Sommer des Jungfernstiegs vor dem Pavillon, zur Dämpfung des Staubes – wenn die Schleppen der Damen nicht dagegen reklamieren«. (H.B.)

von Elbe und Alster miteinander kurz, voller überraschender Seitenblicke auf Hafenbecken und Kanäle, Speicher, Kontorhäuser, öffentliche Gebäude, Plätze und Kirchen – und auf die Binnenalster. Nicht mit dem Lineal gezogen, sondern in lebendigem Schwung und doch mit langen geraden Strecken durchschnitt diese Twiete bis zum Weltkrieg den kompakten Stadtkörper. Ost-West- und Domstraße haben es dann allerdings nicht ganz geschafft, sich als gleichwertige Höhepunkte darin zu integrieren. Nun ja, auch die neueren Verkehrsberuhigungsmaßnahmen der Innenstadt haben das alles wieder reduziert.

Alsterpavillon

Am Ende gibt es trotz allen Wandels seit der Gründerzeit immerhin ein einziges, aber höchst bedeutsames Residuum des alten Mythos von der innerstädtischen erhöhten Lebensqualität des Jungfernstiegs: den »Alsterpavillon«. Der erste entstand 1799, schon damals am heutigen Ort und natürlich ausgelöst durch die neue Attraktivität des damals verbreiterten Jungfernstiegs. In biedermeierlich klassizistischer Form 1835 neu errichtet, erlebte dieses Lokal seinen Höhepunkt wohl mit Martin Hallers Neubau 1874. Freilich war es jetzt schon nicht mehr nur ein Erfrischungsort, sondern gleichsam ein Festlokal in der Tradition der alten Hotels und Etablissements am Jungfernstieg, wie die Senatoren und Gesandten sie für ihre feierlichen Staatsgelage und als Feuerwerkslogen genutzt hatten. Und es ist kein Zufall, dass in diesen Jahren noch einmal eine Zeit der Zauberinszenierungen auf der Binnenalster anbrach, mit illuminierten Festinseln und festlichem Gondelverkehr (z.B. 1841 für das Norddeutsche Musik-Fest, 1868 für den preußischen Kronprinzen und 1895 zu Ehren von Wilhelm II.). Martin Haller ließ sich sogar dazu inspirie-

Der Jungfernstieg mit Alsterpavillon. Im Hintergrund links
die Kirche St. Jacobi, rechts St. Petri, um 1890

Salomon Heine

1835 wurde der erste, hölzerne Alsterpavillon, der mit den Jahren alt und morsch geworden war, abgerissen. Zu dieser Zeit konnte man auf dem Jungfernstieg viele bekannte und bei der Bevölkerung beliebte Persönlichkeiten antreffen, beispielsweise den bedeutenden Bankier Salomon Heine. Er war der Onkel des »missratenen Neffen Heinrich«, von dem er sagte: »Wenn der Junge etwas ordentliches gelernt hätte, brauchte er nicht immerzu zu schreiben.« Um seinen Neffen auf einen »vernünftigen« Weg zu bringen, richtete er ihm eine Textilfirma ein, die Heinrich Heine innerhalb eines Jahres in den Konkurs trieb. Nach dem Großen Brand setzte Salomon Heine sein gesamtes Privatvermögen ein und sorgte mit seinem finanziellen Einfluss für die Kredite, die Hamburg für den Wiederaufbau benötigte. Sein Ausspruch »Solange die Elbe nicht verbrannt ist, ist Hamburg nicht verloren«, ist inzwischen ein geflügeltes Wort. (H.B.)

ren, einen seiner Rathausentwürfe vor den Jungfernstieg auf eine Insel ins Wasser zu stellen.

Jedenfalls diente schon damals der Alsterpavillon nicht mehr für den abendlichen Spaziergang, sondern als Treffpunkt im Tagesablauf zwischen City und Vororten. Und übrigens mit notorisch schlechtem Ruf. Martin Haller schreibt in seinen Lebenserinnerungen, die er zum Teil als »Spaziergang um die Binnenalster« organisiert hat: »Unser ›Jungfernstieg‹ scheint – wie ›lucus a non lucendo‹ – seinen Namen davon abzuleiten, daß ihn von jeher auch Nicht-Jungfrauen betreten durften, bis in den Siebziger Jahren, zur Zeit des sittenstrengen Generals von Tresckow, ein Mandat des Polizeiherrn Senator Kunhardt, diesen Damen das Betreten der Promenade untersagte und ihren peripathetischen Geschäftsbetrieb auf das Trottoir an der Häuserfront verwies. Seitdem scheint dies Verbot wieder in Vergessenheit geraten zu sein.«

Auch Hallers Pavillon musste der Jahrhundertwende weichen und wurde 1899, entsprechend der Verbreiterung der Straße nach vorne gerückt, durch einen Neubau von Wilhelm Hauers ersetzt. Dieser wurde bereits 1913/14 durch einen monumentalistischen Bau von Rambatz & Jolasse ersetzt, der allerdings nie dasselbe Ansehen genoss wie seine Vorgänger und dann dem Zweiten Weltkrieg zum Opfer fiel. Er war übrigens bis dahin der Ort der »Swing-Jugend« und damit gleichsam ein Lichtblick in Hamburgs Geschichte im »Dritten Reich«.

1940 wurde die Binnenalster, ohne Zweifel der Tiefpunkt ihrer Geschichte wie der Hamburgs, überbaut, nämlich mit einem fingierten Stadtgrundriss, der feindliche Flugzeuge irritieren sollte. Es hat der Stadt nicht viel genutzt, die 1943, samt dieser Schein-City, zu fünfzig Prozent zerstört wurde.

Ferdinand Strebs für die IGA 1953 neu errichteter Alsterpavillon in seiner fast utopischen Modernität, mit Leichtigkeit, Transparenz, ausfahrbarem Dach, Terrassen und Palmen unter ausschwingenden Laternen, hat dann

Der Jungfernstieg mit Alsterpavillon, 2000

Austernkeller
1884 eröffnete August Wilhelm Daniel Schümann im »Streit's« seinen »Austernkeller«. Er hatte bei »Cölln« in den Brodschrangen gelernt, wie man Meerestiere schmackhaft zubereitet. In seinem Restaurant verwirklichte Schümann seine gastronomischen Ideen und seine etwas ausgefallenen Vorstellungen von Interior Design. Damals hieß es: »Es gibt zwei Museen für Jugendstil, einmal das Museum für Kunst und Gewerbe und das Museum für Kunst und Gastronomie.« 1903 zog Schümann aus dem »Streit's« ins Nebenhaus und eröffnete dort »Schümann's Austernkeller«. (H.B.)

noch einmal, und in fast rührender Konsequenz, ganz offensichtlich voller Hoffnung auf einen gelingenden Wiederaufbau des immer noch weithin kriegszerstörten Hamburg, dem Aufenthalt am Jungfernstieg die alte Qualität innerstädtischer Freizeit, gewissermaßen Halt für den Flaneur zurückzugeben versucht. Dieser Pavillon hat es verdient, dass er möglichst viel davon auch künftig noch weitergeben kann.

Dies umso mehr, als vor kurzem das letzte alte Zeugnis der einst am Jungfernstieg blühenden Gastronomie für Hanseaten und Fremde endgültig verschwunden ist. Hinter einem höchst unscheinbaren Eingang versteckt im »Heine-Haus« lag »Schümann's Austernkeller«, seit der Jahrhundertwende Treffpunkt elitärer Herrenklubs ebenso wie feiner Gesellschaft und gehobener Boheme. Das kunstgeschichtlich wie soziologisch höchst eindrucksvolle Innenraumensemble seiner Jugendstil-Chambres séparées ist der Mietzinskonkurrenz der »Einkaufsmeile« zum Opfer gefallen, die damit einen unwiederbringlichen Verlust althamburgischer Tradition hat hinnehmen müssen.

Verfremdung

Den letzten Beitrag zur Erhöhung der Unwirtlichkeit des Jungfernstiegs haben die achtziger Jahre gebracht. War bis dahin der Schiffsanleger motiviert innerhalb des Stadtgefüges als einer der amphibischen Brennpunkte des innerstädtischen Nahverkehrs – konnte man doch hier von U-Bahn und Bus auf den Alsterdampfer umsteigen und mit normaler Fahrkarte über die Alster ein Ziel in den Vororten erreichen –, so bildete die Einstellung des Linienverkehrs auf der Alster den endgültigen Schnitt in der Geschichte des Ortes.

Die scheinbar einladende Nutzung für die »Alster-Touristik« macht den durch seine Geschichte so bürgerlichen Ort endgültig zu einem für den ört-

Kurt Tucholsky
Kurt Tucholsky hat den Jungfernstieg endgültig in den Rang einer Notwendigkeit versetzt, erlaubt er doch der Alster, die er begrenzt, ihr durch und durch hanseatisches Wesen: »Sie liegt da und sieht aus.« Möge es so bleiben. (H.B.)

lichen Nutzer fast exterritorialen Platz des Fremdenverkehrs. Ob der Fremde hier den Eindruck gewinnt, den er, zwar vage und mythisch, aber doch voller Hoffnung, mitgebracht hat, steht dahin.

Zukunft

Den Jungfernstieg, an den wir uns alle irgendwie erinnern, gibt es nicht mehr. Wohl aber alle Elemente, die die Bürger der Stadt durch ihren mittelalterlichen Mühlenbau in ihre Lebenswelt hineingezogen haben. Mitten in der Stadt Wasser und Land, Perspektiven ins Freie, überraschende Wechsel von Räumen und Bildern. Und der Blick aus dem Zug von der Lombardsbrücke bildet eine ganz unverwechselbare, charakteristische »waterfront« mitten in der Stadt.

Jetzt geht es nicht darum, den schlummernden Mythos an Ort und Stelle wachzuküssen; die funktionalen, im weiteren Sinne die sozialen Voraussetzungen dafür haben sich zu weitgehend verwandelt. Es ist die Aufgabe jeder Neugestaltung, wesentliche Bedürfnisse der Gegenwart lebendig werden zu lassen; so wie es in der Geschichte des Jungfernstiegs immer wieder gelungen ist. Das Bassin der Binnenalster mit der geometrisch klaren Grundform und der durch Alleen grünen Begrenzung, die traditionsreichen Häuserwände dahinter, der Alsterpavillon, die Dialektik dieser »Guten Stube« und der »waterfront« im amphibischen Stadtbild, die radikale Distanz von Zweckrationalität am Anfang und Mythos am Ende – das alles hat Vergangenheit in sich aufgehoben. Die kann man trotz ihrer Präsenz nicht konservieren, nur als Geschichte erzählen. Aber sie bietet von langer Hand her Stoff für Zukunft.

Der Jungfernstieg, 2000

Die Fassade des Alsterhauses vom Jungfernstieg aus gesehen.
So soll sie nach den Plänen des Hamburger Architekten Christian F. Heine demnächst aussehen (oben); links die heutige Ansicht

Dorothée Engel

Markante Gebäude am Jungfernstieg

Das Alsterhaus

Möglicherweise verdankt die erste Hamburger Tietz-Filiale ihre Gründung der Tatsache, dass Firmenchef Oscar Tietz es sich nicht nehmen ließ, röstfrischen Kaffee für seine Lebensmittelabteilungen persönlich einzukaufen. Das führte ihn nach Hamburg. Es reizte den jungen Unternehmer, ein Geschäft in der lebhaften, eleganten Hansestadt zu erwerben – und so sah er sich um.

Auf seinen Erkundungsstreifzügen, die er zusammen mit einem ortskundigen Makler unternahm, entdeckte Tietz einen sehr schönen Laden: am Großen Burstah 12–14, in einem alten Fleethaus. Der veranschlagte Preis schien ihm allerdings für eine Jahresmiete verhältnismäßig hoch. Da ihm das Objekt aber über alle Maßen gut gefiel, gab er dem Makler den Auftrag, einen Vertrag abzuschließen. Tietz wunderte sich ein wenig, dass der Vertrag bei einem Notar abgeschlossen werden sollte, und er war äußerst erstaunt, als ihm dieser verkündete, dass er für den irrtümlich zunächst als »Jahresmiete« gehaltenen Betrag ein hypothekenfreies Gebäude erstanden hatte.

Die Eröffnung der ersten Hamburger Tietz-Filiale fand am 1. März 1897 statt. Ein so gewaltiges, modern ausgestattetes Geschäftshaus, eine so umfangreiche Warenmenge und eine derartige Lichterpracht hatte man bis dato in Hamburg noch nicht gekannt.

Die Hanseaten bestaunten die »erlesenen französischen Hut-Schöpfungen«, die Tietz selbst in Paris eingekauft hatte, die Kreationen der »Costumes-Abteilung« – selbstverständlich maßgefertigt – und Accessoires wie Pleureusen (Straußenfedernbesatz für Damenhüte), Fächer und Sonnenschirme aus reiner Seide. Das Warenhaus am Großen Burstah verfügte über ein erstaunlich breites Sortiment. Haushaltswaren und Möbel – darunter »gut gefüllte Dienstbotenbetten« – waren hier genauso zu erwerben wie echte Orientteppiche, Bücher und Lebensmittel.

56 Eröffnung des »Waarenhauses Hermann Tietz«, 1912

Inzwischen hatte sich der Jungfernstieg zu Hamburgs beliebtester Flaniermeile entwickelt. Wie nicht anders zu erwarten, gab es für Tietz kein Zögern, sich rechtzeitig an dieser ersten Adresse zu etablieren. So wurde Scholviens Passage mit zwei Häuserreihen sowie das angrenzende Hotel »Zum Kronprinzen« erworben; mit gut 5200 Quadratmetern Grundfläche das größte Grundstücksobjekt, das bis dahin in Hamburg je gehandelt worden war. Zeitgenossen machten daraufhin die Rechnung auf, dass der entstehende »Gebäudekoloß« in etwa den gleichen Wert repräsentieren werde wie das Hamburger Rathaus mitsamt Inventar.

Am 24. April 1912 war es endlich so weit. Das »Waarenhaus Hermann Tietz«, später Alsterhaus genannt, öffnete seine Portale. Die hereinströmenden Menschenmassen konnten eine Vielzahl architektonischer Meisterleistungen bewundern. Beispielsweise den herrlichen Lichthof des fünfstöckigen Gebäudes, dessen aufstrebende Säulen aus wertvollem, grün schimmerndem Pavonozza-Marmor gefertigt waren. Durch die Glaskuppel drang »wundervoll mildes Licht« in die Halle. Bestaunt wurden auch die schönen Glasmosaiken, Bronzearbeiten und nach Kunstzeichnungen geschaffenen Beleuchtungskörper. Im glänzenden Messinggeländer spiegelten sich sechzehnarmige Lichtkronen. Das Sortiment des neuen Hauses war entsprechend erweitert worden, und auch Dienstleistungen wurden immer größer geschrieben. Der Kundschaft standen ein Erfrischungsraum, Schreibzimmer und sogar ein Lesesaal zur Verfügung. Für Hamburger Verhältnisse ein absolutes Novum war die große Lebensmittelabteilung mit Frischfleisch, Fluss- und Seefischen sowie Früchten und Delikatessen aus der ganzen Welt. Alle Lebensmittel wurden, vor Staub geschützt, unter Glas präsentiert.

Vor allem seine glanzvollen Veranstaltungen ließen das Alsterhaus sehr bald zu einer Hamburger Institution werden. Eine prachtvollere Kulisse als den Lichthof hätte kein Hollywood-Regisseur schaffen können.

ALSTERHAUS

Der Jungfernstieg im Jahr 2005 bei Tag und bei Nacht
Architekturzeichnungen von Peter Wels

Die beiden Weltkriege hat das Alsterhaus glücklicherweise nahezu unversehrt überstanden. Die legendäre Glaskuppel des Lichthofes allerdings fiel dem Zeitgeist der Nachkriegs-Architektur zum Opfer.

Am 24. April 1987 konnte das Alsterhaus sein 75-jähriges Bestehen feiern, das im Herbst des Jahres durch den Besuch der Königlichen Hoheiten Prinz Charles und Lady Diana gekrönt wurde.

1994 übernahm die Karstadt AG die Führung des Alsterhauses und traf im Juni 2003 die Entscheidung zum Umbau und zur Neugliederung des altehrwürdigen Kaufhauses. Nach den Plänen des Hamburger Architekten Christian F. Heine soll das Alsterhaus ein neues Gesicht erhalten. Dazu gehören eine neue Fassade am Jungfernstieg und an der Poststraße sowie eine helle und moderne Innengestaltung.

Markant ist insbesondere die neue Gestaltung der Fassade am Jungfernstieg. Ihre Öffnung bis zur ersten Verkaufsebene gibt dem Haus mehr Transparenz und verleiht dem Gebäude mehr Offenheit. Diese gestalterische Maßnahme verbindet sich darüber hinaus optimal mit der geplanten Neugestaltung des Jungfernstiegs. Gleichzeitig verspricht die Verbindung zwischen historischer Bausubstanz und modern gestalteter Innenarchitektur ein einzigartiges Einkaufserlebnis. Mit dem Umbau und der Neukonzeption soll das Alsterhaus der Inbegriff für modernes Einkaufen im klassischen Ambiente werden, eingebunden in die bestehenden Passagen und Galerien.

Wie beim »alten« Alsterhaus im Jahr 1912 soll auch beim »neuen« die Lebensmittelabteilung wieder ein herausragender Anziehungspunkt werden. Vom Restaurant im vierten Stock, das zum Teil mit einer Glaskuppel überzogen sein wird, können die Gäste auf Binnen- und Außenalster blicken. Eine atemberaubende Aussicht, deren Faszination man sich nicht wird entziehen können.

»Sillems Bazar«, um 1850

Es war der kosmopolitische Hamburger Kaufmann Wilhelm Sillem, der auf dem Grundstück des heutigen Hamburger Hofs 1842 mit »Sillems Bazar« die prächtigste Einkaufspassage Europas bauen ließ. Das war nach dem Großen Brand. Vorher hatte auf diesem Grundstück das Hotel »Alte Stadt London« gestanden. Dieses musste während des Brandes gesprengt werden, um das Feuer durch Schneisen in den Häuserzeilen stoppen zu können.

Das Grundstück von Sillems Bazar gehörte zum Gebäudekomplex zwischen Jungfernstieg, Königstraße (heutige Poststraße), Große Bleichen und Gänsemarkt. Im Vorderhaus, zum Jungfernstieg hin, etablierte sich das »Hotel de Russie«, das nicht nur spielsüchtige russische Aristokraten beherbergte, sondern als Eingang zur Passage mit ihren 34 Läden diente. Der Eintritt kostete fünf Schillinge, wurde allerdings auf die Einkäufe angerechnet. Die Passage, mit spiegelndem, poliertem rot-schwarzem Marmor verkleidet und einer viel beachteten Dachkonstruktion aus Gusseisen und Glas, galt als Inbegriff von Luxus und Moderne. Auf den Galerien verteilt standen Geiger, die zur Unterhaltung der Gäste und Kunden aufspielten.

Mit Wilhelm Sillem hatte der Architekt Eduard Averdiek einen Bauherrn hinter sich, der mit der damals unerhörten Summe von 350000 Mark den Kauf des Grundstücks finanzierte und einen weiteren Millionenbetrag für den Bau bereitstellte. Der Korrespondent einer in Leipzig erscheinenden Illustrierten belegte die imponierende Größe mit Zahlen: Sillems Bazar hatte im Erdgeschoss 34 Läden und verfügte insgesamt über 213 Räume, 231 Hotelzimmer, 12 Kammern und 36 Küchen. Ein derart komplexer Bau war nur mit Hilfe modernster Technik zu bauen gewesen und zu unterhalten.

Die damals in Hamburg erscheinende »Neue Illustrierte Zeitung« beschrieb jedoch auch die »Kehrseite« des Gebäudes:

»Sillems Bazar« von der heutigen Poststraße aus gesehen, um 1850

»Natürlich ist der Bazar in Theilen für Gasbeleuchtung eingerichtet. Das helle Licht muß Abends in diesen Spiegelscheiben, diesen Vergoldungen, Marmorwänden und Glasdecken eine zauberschöne Wirkung hervorbringen. Ein schmaler Gang, welcher hinter den Wohnungen nach der Königstraße ausmündet, ist dazu bestimmt, den Insassen die Bedürfnisse des Lebens, welche Sauberkeit und Ordnung halber ihren Weg nicht durch die Passage selbst nehmen dürfen, zu verschaffen. Wenn jedoch zufällig einmal Fischweiber, Gemüsehändlerinnen und Torfträger von den entgegengesetzten Seite in diesem wenige Fuß breiten Gäßchen aneinandergerathen, muß eine tragikomische Verlegenheit eintreten.«

Fast 40 Jahre blieb Sillems Bazar der mondäne Luxustempel am Jungfernstieg. Doch mit dem Crash in der Gründerzeit, mit den großen politischen Veränderungen und dem Aufstieg des »Bismarck-Reiches« veränderten sich auch die Kaufgewohnheiten der Hamburger. Sillems Bazar musste anderen Nutzungskonzepten Platz machen.

1881 errichteten die Architekten Hansen und Meerwein im Auftrag der »Hanseatischen Baugesellschaft« auf dem Grundstück von Sillems Bazar das Nobelhotel »Hamburger Hof«. Meerwein war kein Unbekannter, denn er war maßgeblich am Bau der Musikhalle, der St. Michaelis-Kirche und der Erstellung des Großen Festsaales des Hamburger Rathauses beteiligt gewesen. Er gab der Fassade des Hamburger Hofs ihr heutiges Aussehen. Unzählige Firmenjubiläen, Debütantinnenbälle, hanseatische Hochzeiten und Besuche gekrönter Häupter machten den Hamburger Hof weit über die Grenzen der Hansestadt hinaus bekannt.

Mitten im Ersten Weltkrieg, 1917, nach einem Großbrand, begann der Umbau in ein Kontor- und Geschäftshaus. Bis 1966 blieb der Hamburger Hof eine zentral gelegene erste Adresse für Büro- und Geschäftsräume; obwohl der Dachstuhl und die Turmspitzen durch alliierte Bombenangriffe

1944 vollständig zerstört wurden. 1968 übernahm die »Iduna-Vereinigte Versicherungs AG« den Hamburger Hof und entschloss sich zu einer neuen Nutzungskonzeption und der Restaurierung des Komplexes. Zwischen 1976 und 1979 baute der Architekt Hans Joachim Fritz den Hamburger Hof in ein Bürohaus mit einer Einkaufspassage um: eine der ersten in der westlichen Innenstadt.

Im Jahr 2000 wurde die Passage vom neuen Eigentümer, der Münchener Rückversicherung, umgebaut. Heute präsentiert sie sich klarer, transparenter – ein weiterer Lichtblick am Jungfernstieg –, mit einer Anzahl exklusiver Geschäfte, die in etwa der von Sillems Bazar entspricht.

Lichtblick ist das Stichwort: Ebenfalls im Jahr 2000 installierte der international bekannte Lichtkünstler Ingo Maurer zwei riesige Lichtkuppeln als markantes Zeichen. Seit Herbst 2003 zeigt sich die denkmalgeschützte Fassade am Jungfernstieg nach umfassender Sanierung in neuem Glanz.

Das Gutruf-Haus: Die Geschichte des Juweliers Brahmfeld & Gutruf

Vor dreihundert Jahren, 1703, begann in Hamburg mit der Geburt von Hinrich Brahmfeld die imposante Geschichte der Brahmfeld'schen Goldschmiede-Dynastie.

Anfang des 18. Jahrhunderts durften nur »ehrlich und ehelich geborene Bürgersöhne« die privilegierte Handwerkskunst des Goldschmiedes erlernen. Hinrich Brahmfeld war mit 14 Jahren einer von ihnen. Als 26-Jähriger machte er sich selbständig und kaufte 1743 das »Amt« des Goldschmiedes »öffentlich an sich«. Als einer der erfolgreichsten Hamburger Goldschmiede legte Hinrich Brahmfeld damit den Grundstein für das heutige Unternehmen. Zunftgemäß fertigte er sein Meisterstück – eine formschöne Kaffeekanne aus

Das Gutruf-Haus Mitte der 50er Jahre

Silber, die heute noch als Kulturgut im Museum für Hamburgische Geschichte zu bestaunen ist. Sogar der Zar in Moskau hörte von den künstlerischen Geschicken der Hamburger Goldschmiede und orderte für die Rüstkammer des Kremls die 300 schönsten Silberstücke.

Hinrich hatte neun Söhne. Caspar Jacob Brahmfeld folgte mit 14 Jahren dem Werdegang seines Vaters. 1785 wurde auch er zum Meister ernannt, heiratete zwei Jahre später und bekam mit seiner Frau Elisabeth fünf Kinder. Der Tradition treu geblieben, bildete er viele Lehrlinge aus, der letzte war sein eigener Sohn Johann Friedrich.

1814: Napoleon war geschlagen, die Franzosen zogen ab und hinterließen eine Hansestadt, die eiligst ihren Glanz zurückgewinnen wollte. So sollte auch der Ratssilberschatz auferstehen, und Brahmfeld erhielt den ersten Auftrag für das neue Repräsentationssilber. Als Caspar Jacob Brahmfeld verstarb, übernahm sein Sohn Johann Friedrich nach der Meisterprüfung das Amt des Vaters und etablierte den Namen Brahmfeld. Auch er heiratete, bekam allerdings ausschließlich Töchter und bangte daher um seine männliche Nachfolge für sein florierendes Geschäft an der ABC-Straße 55, Nähe Gänsemarkt. Seine Tochter Emilie aber heiratete den Geschäftsreisenden Johann Georg Gutruf. Zufrieden nahm der Vater den Schwiegersohn als Teilhaber in die »Juwelen, Gold- und Silberwarenhandlung« auf.

1842 griff der Große Brand auch auf das Brahmfeld'sche Haus über und vernichtete das Lager. Noch während des Wiederaufbaus nutzten Johann Friedrich Brahmfeld und Johann Georg Gutruf gemeinsam die Chance für einen Neubeginn. Seit 1850 existiert das Geschäft »Brahmfeld & Gutruf« am renommierten Jungfernstieg. Die Adresse hat sich bis zum heutigen Tag nicht geändert. Als der letzte Namensträger Brahmfeld verstarb, sorgte Johann Georg Gutruf über drei Jahrzehnte für einen hohen Bekanntheitsgrad weit über die Grenzen der Hansestadt hinaus.

Brahmfeld & Gutruf heute

1862 heiratete Antonie, die Tochter von Emilie und Johann Georg Gutruf, Eduard L. Moll. Mit der Geburt ihres Sohnes, den sie Eduard »Gutruf« Moll nannten, sicherten sie die Nachfolge. Mit 25 Jahren heiratete Eduard Leticia Amsinck und wurde stolzer Vater von fünf Kindern. Der gelernte Kaufmann versuchte seine ehrgeizigen Pläne mit dem Bau eines Kontorhauses umzusetzen, dem bis heute so benannten »Gutruf-Haus«, zwischen Jungfernstieg und Neuem Wall gelegen. Schon während der Bauzeit brach der Erste Weltkrieg aus, und anfangs war es schwer, das Kontorhaus zu vermieten. Aber Eduard Gutruf Moll blieb Hausherr bis zu seinem Tod im Jahr 1947. Wie durch ein Wunder blieben das Gutruf-Haus und andere Gebäude am Jungfernstieg von den Luftangriffen des Zweiten Weltkrieges verschont.

Molls einziger Sohn war im Krieg gefallen, und so übernahm 1955 Erich Hülse Brahmfeld & Gutruf. Der Berliner Unternehmer mit Hamburger Stammbaum erfüllte sich damit einen Traum, denn er hatte zuvor das Juweliergeschäft »Hülse« am Kurfürstendamm geerbt und wollte expandieren. Er wählte Wien und Baden-Baden für weitere Juweliergeschäfte und wollte sich mit Brahmfeld & Gutruf in Hamburg einen Namen machen. Ohne jegliche Veränderung führte er das Traditionshaus erfolgreich weiter. Seine Frau Lotte übernahm 1971, nach dem Tod ihres Mannes, als erste Frau die Leitung des Juwelierhauses.

1982 trat der 29-jährige Diplom-Betriebswirt Hanns-Christian Hülse-Reutter in die Fußstapfen seiner Stiefeltern, nachdem er zum Diamantengutachter und Gemmologen ausgebildet worden war. Mit seiner Frau Simone übernahm er 1985 die Geschäftsführung von Brahmfeld & Gutruf. 70 Jahre lang gab die hanseatische Tradition vor, das Äußere des Geschäftshauses am Jungfernstieg nicht zu verändern. Erst 1987 nahm das Juwelier-Ehepaar einen Umbau vor und enthüllte am 4. Juni eine prachtvolle Fassade mit zwei vergoldeten Pylonen, die das alte handgeschnitzte Firmenwappen tragen.

Der Jungfernstieg, 2000

Robert Heinemann

Gelebtes Bürgerengagement für Hamburgs schönste Flaniermeile

Es gibt Ideen, die lange in den Köpfen vieler Menschen kreisen und die doch einen Anstoß benötigen, um schließlich Wirklichkeit zu werden. Die Umgestaltung von Hamburgs vielleicht berühmtester Flaniermeile zählt sicherlich hierzu.

Nicht wenige Hamburgerinnen und Hamburger haben sich über den in den 60er und 70er Jahren ausgegossenen Beton und die unzähligen Absperrgitter, Poller und sonstigen »Stadtmöbel« geärgert. Die Fahrbahnverschwenkungen, Taxistellflächen, Abbiegespuren und Parkplätze, Gestaltungsversuche verschiedener Generationen von Stadtplanern, wirken eher wie die Jahresringe eines Baumes als wie ein einheitliches Gestaltungskonzept.

Anfang des Jahres 2002 kam der Versandhausgründer und Hamburger Mäzen Professor Werner Otto auf den Ersten Bürgermeister Ole von Beust zu, um gemeinsam mit ihm und dem Vorsitzenden der Stiftung »Lebendige Stadt«, dem Bürgerschaftsabgeordneten Dr. Andreas Mattner, über die Möglichkeiten für ein nachhaltiges Engagement in der Hansestadt nachzudenken. Otto hatte sich nach Gründung und Aufbau des Werner-Otto-Institutes der Alsterdorfer Werkstätten primär um die Frühförderung behinderter Kinder gekümmert. Doch durch sein Engagement beim Wiederaufbau des Belvedere in Potsdam und beim Umbau des Berliner Konzerthauses am Gendarmenmarkt rückten Denkmalschutz, Städtebau und Kultur stärker in den Vordergrund von Ottos gemeinnützigen Aktivitäten. Aufgrund seiner umfangreichen Erfahrungen mit Immobilien erkannte er früh, wie wichtig Stadtbild-prägende Gebäude und Plätze für die Attraktivität und das Image einer Stadt sind. Gleichzeitig war auf Initiative seines Sohnes Alexander im Jahr 2000 die Stiftung »Lebendige Stadt« gegründet worden, die bereits die Illumination der Hamburger Speicherstadt unterstützte.

Im Gespräch mit von Beust und Dr. Mattner entstand daher die Vision eines neuen, eines »lebendigen« Jungfernstiegs. Während die Mönckebergstraße in den letzten Jahren wieder zunehmend an Qualität und Ausstrahlung gewonnen hat – sowohl durch die Umgestaltung des Straßenraums als auch durch die Investitionen namhafter anliegender Einzelhändler –, ist der Jungfernstieg weiter zurückgefallen. Gerade vor dem Hintergrund, dass der Jungfernstieg jedoch den Ausgangspunkt der neuen Achse zur HafenCity bilden soll, aber auch, um den westlichen Teil der Innenstadt besser an die Mönckebergstraße und die neue Europa-Passage anzubinden, schien die Neugestaltung des Jungfernstiegs dringend geboten.

In einem ersten Schritt sagte Otto 200 000 Euro für einen internationalen Wettbewerb zu. Besonders wichtig war ihm dabei, dass nur interdisziplinäre Teams aus Landschaftsarchitekten, Architekten, Künstlern, Lichtplanern und anderen Spezialisten teilnehmen sollten, um einen ganzheitlichen Ansatz für diesen bedeutenden Ort der Hansestadt zu schaffen.

Im März 2002 wurde der Wettbewerb unter Federführung des Hamburger Oberbaudirektors Professor Jörn Walter und mit Unterstützung der Stiftung »Lebendige Stadt« ausgeschrieben. Otto leistete seine Spende an die Stiftung, die mit ihren Mitgliedern am Auswahlprozess mitwirkte. Neben Prof. Walter, der dem Stiftungsrat der Stiftung angehört, waren dies der Düsseldorfer Architekt Christoph Ingenhoven, der Kuratoriumsvorsitzende der Stiftung Alexander Otto und Dr. Mattner. 92 zum Teil sehr renommierte Büros hatten an dem anonymen Wettbewerb teilgenommen – doch als im Juli 2002 der Siegerumschlag geöffnet wurde, hatten dann doch zwei Hamburger Büros gewonnen: WES & Partner und Poitiers Architekten. Von Beust, Alexander Otto, Dr. Mattner und Ingenhoven präsentierten die Entscheidung der Jury im Hamburger Rathaus. Die deutschlandweite Presseresonanz zeugte von dem hohen Interesse der Medien an diesem Hamburger Projekt.

Schnell war klar, dass Schönheit auch ihren Preis hat. »Über zehn Millionen Euro« war die erste Grobschätzung von Dr. Mattner, 14 bis 16 Millionen

Jungfernstieg-Fest, Juni 2003

Jungfernstieg-Fest, Juni 2003

Alexander Otto eröffnet das Jungfernstieg-Fest

Euro ergab später die genaue Kalkulation. Diese Summe – so viel war klar – konnte bei der aktuellen Haushaltslage nicht von der Stadt allein aufgebracht werden. Stattdessen war privates Engagement gefordert – eine Tugend, die in der Hansestadt deutlich weiter verbreitet ist als anderswo.

Alexander Otto und Dr. Mattner machten sich die Erfahrungen zunutze, die sie bei der Illumination der Hamburger Speicherstadt gesammelt hatten: Durch die Gründung eines Vereins, in dem alle Beteiligten gemeinsam aktiv waren, und die Etablierung eines umfassenden Marketingkonzeptes, das von der Idee ausging, dass nur ein Projekt, das alle Hamburgerinnen und Hamburger begeistert, auch namhafte Spender und Mäzene motiviert, war die Finanzierung gelungen.

Da die Umgestaltung des Jungfernstiegs bereits finanziell noch höhere Ansprüche stellt, wurde das Maßnahmenbündel entsprechend erweitert. Bereits im Juli 2002 wurde der Verein »Lebendiger Jungfernstieg e.V.« gegründet, dessen Mitgliederliste sich wie das »Who is who« der Hamburger Wirtschaft und Politik liest. Als Vorsitzenden des Vorstandes konnte Dr. Mattner den zuständigen Hamburger Bau- und Verkehrssenator Mario Mettbach gewinnen, stellvertretender Vorsitzender wurde neben Dr. Mattner der Vorstandsvorsitzende der Vereins- und Westbank, Professor Stephan Schüller. Der Notar Dr. Jens Röh erklärte sich bereit, die Rolle des Schriftführers zu übernehmen, und Hartmut Strauß wurde zum Schatzmeister gewählt. Der Bezirksamtsleiter Hamburg-Mitte, Markus Schreiber, wurde in den engeren Vorstand berufen, und der Autor dieser Zeilen bekam die dankbare Aufgabe zugewiesen, als ehrenamtlicher Geschäftsführer die Fäden zusammenzuhalten und die Beschlüsse des Vorstandes umzusetzen – unterstützt von Ingeborg Laabs und Miriam Höllings.

Die erste Marketingaktion fand bereits vor der konstituierenden Vorstandssitzung statt. Dirk Marx, »Mr. Alstervergnügen« und Präsident des

Landesverbandes des ambulanten Gewerbes, bot dem Verein an, sich Ende August 2002 beim Alstervergnügen zu präsentieren. Marx stellte auf der Reesendammbrücke ein Zelt zur Verfügung und die Baubehörde das große Modell des Wettbewerbssiegers. Zahlreiche Bürgerinnen und Bürger besuchten den Stand des Vereins, hochinteressiert an dem, was sich in unmittelbarer Nähe bald ändern soll.

Neben vielen Detailfragen zur Planung fand das Modell überwiegend Zustimmung. »Schandfleck« war eine der harmloseren Bezeichnungen für den aktuellen Zustand. Vergleiche mit Zürich wurden angestellt, wo man von der Bahnhofsstraße direkt zum See geführt werde, während man vom Neuen Wall kommend erst an einen Zaun und dann an eine Betonmauer stoße. Einheitlich begrüßt wurden die zahlreichen neuen Sitzgelegenheiten, die auf der breiten Treppenanlage geplant sind. Beruhigt zeigten sich viele Hamburger darüber, dass der Eispavillon an der Ecke zum Neuen Jungfernstieg bestehen bleiben wird.

Doch auch der Neuentwurf konnte es nicht allen recht machen: Während sich Jüngere beschwerten, dass man ihnen ihre Skateboard-Fläche am Anleger nehme, befürchteten einige Ältere, dass sich die Neugestaltung geradezu ideal für Skater eigne – man wird sehen, wer Recht behält.

Das hohe Interesse der Öffentlichkeit führte dazu, dass der Verein das Wettbewerbsmodell bereits im Oktober 2002 erneut ausstellte – diesmal im Alsterhaus, das freundlicherweise ein großes Schaufenster zur Verfügung stellte.

Im November 2002 startete mit Unterstützung der Vereins- und Westbank, der Jugendmusikschule und des »Alex« die erste öffentliche Veranstaltung des Vereins. Eine Band aus jungen Nachwuchskünstlern spielte im Alsterpavillon Swing der 20er – und erinnerte so an eine der Blütezeiten des Jungfernstiegs. Senator Mettbach ließ es sich nicht nehmen, dabei zu sein. Noch wichtiger als die Veranstaltung waren aber die zweitausend Einladungskarten und die zahlreichen vom Grafik Design Studio GDS gestalteten Plakate, mit denen die Hamburger nicht nur auf das Konzert, sondern vor allem auf das Umbauprojekt aufmerksam gemacht wurden.

Inzwischen war Dorothée Engel, Programmleiterin des Hamburger Verlags Die Hanse, mit der Idee zu diesem Buch an den Verein herangetreten. Den Jungfernstieg von gestern, heute und übermorgen in einem Buch darzustellen – das hatte es bisher noch nicht gegeben. Ein Text zur Geschichte des Jungfernstiegs lag bereits vor: Horst Beckershaus, bekannter Hamburg-Kenner und Autor, hatte sein Wissen über Hamburgs berühmten Boulevard niedergeschrieben. Nun galt es, den Wettbewerb und das Engagement des Vereins zu dokumentieren. Der Verlag Die Hanse ist jedoch nicht nur Herausgeber dieses außergewöhnlichen Buches, sondern stellt auch einen Euro pro verkauftem Exemplar dem Verein »Lebendiger Jungfernstieg« zur Verfügung! Anfang Dezember 2002 wurden bereits die ersten Texte der Öffentlichkeit vorgestellt: Die Ohnsorg-Schauspielerin Beate Kiupel las im gut besuchten Alsterpavillon aus dem Beckershaus-Manuskript, und André Poitiers sowie Professor Hinnerk Wehberg stellten erstmals das Ergebnis der Machbarkeitsstudie vor.

Eine weitere Form der Unterstützung wählte Wempe-Geschäftsführerin Christa Kubsch. Das herausragende Symbol für den Jungfernstieg und die Alster sind für sie die Alsterschwäne, für die sie eine zeitlos-elegante Umsetzung in Edelmetall fand. Seit Dezember 2002 kann man bei Wempe von Manschettenknöpfen über Broschen bis hin zum Briefbeschwerer Alsterschwäne erwerben, die alle eines gemeinsam haben: Ein Teil des Erlöses fließt auf das Konto bei der Hamburgischen Landesbank, von dem die Umbaukosten bezahlt werden.

Trotz aller Begeisterung, die dem Verein für sein Engagement entgegengebracht werden, hört man skeptische Töne ob der gewaltigen Summe, die

Jungfernstieg-Fest, Juni 2003

es zu finanzieren gilt. Vierzehn bis sechzehn Millionen Euro zu erhalten, in einer Zeit, in der Firmen Mitarbeiter entlassen, Sponsoring-Projekte aufkündigen und eigene Investitionen aufschieben müssen, erscheint vielen unrealistisch.

Anfang des Jahres 2003 erloschen diese Zweifel schlagartig. Die Stadt Hamburg sagte zu, vier Millionen Euro für den Umbau des Straßenraums zur Verfügung zu stellen. Und am 27. Januar konnte der Erste Bürgermeister zusammen mit dem Bausenator bekannt geben, dass Professor Otto fünf Millionen Euro für die Realisierung des neuen Jungfernstiegs zur Verfügung stellt. Damit waren neun von sechzehn Millionen Euro gesichert – die Arbeiten konnten beginnen. Sie mussten sogar möglichst schnell beginnen, denn Otto – mit dem langsamen Mahlen städtischer Mühlen vertraut – hatte als Bedingung für seine Spende eine Fertigstellung bis 2005 verlangt.

Drei Aspekte waren am Ende für den zügigen Fortgang des Planungsprozesses und die schnelle Beauftragung der ersten Teilbereiche verantwortlich. Zum einen die Funktion des Vereins als »runder Tisch«, d. h. die Einbeziehung aller Beteiligten – vom Oberbaudirektor über den Bezirksamtsleiter bis hin zu den Anliegern. Zum Zweiten die Beauftragung der Wettbewerbssieger mit der weiteren Detailplanung, wobei sich die verschiedenen Fachplaner direkt untereinander abstimmten. Und zum Dritten die Übernahme der Bauherrenfunktion für den Anleger durch den Verein. Bereits im März 2003 konnten daher vom Verein die 53 Silberlinden bestellt werden, die künftig das Alsterufer im Bereich des Jungfernstiegs säumen werden. Mit acht Metern Höhe und einem Meter Umfang haben diese Bäume bereits eine deutlich stattlichere Größe, als sie in der ersten Kostenschätzung vorgesehen war. Es ist Lorenz von Ehren zu verdanken, dass der Kostenrahmen trotzdem eingehalten werden konnte – und einem großzügigen Spender, dass die Stadt nicht einen Cent dazubezahlen muss.

Auch wenn die Kosten im Rahmen blieben, waren sie bei weitem noch nicht gedeckt. Jens Wrage, Chef der Alster-Touristik, stellte daher im Februar 2003 einen seiner Alsterdampfer zur Verfügung, damit potentielle Spender zusammen mit dem Ersten Bürgermeister, dem Bausenator, Alexander Otto und anderen Vereinsmitgliedern auf einen Törn durch das knackende Eis der Binnenalster schippern konnten. »Ich will schnorren«, erklärte Ole von Beust unumwunden, woraufhin Peter Möhrle von Max Bahr spontan 200 000 Euro und das Ehepaar Franz-Günther und Barbara von Gaertner 20 000 Euro zusagten.

Aber nicht nur große Beträge sollten in das Umbauprojekt fließen. Wie bei der Illumination der Speicherstadt wurden daher Instrumente gesucht, die jedem Hamburger eine Beteiligung ermöglichen – und gleichzeitig die Identifikation mit dem Projekt erhöhen. Zu dieser Zeit trat der international renommierte Künstler Frank Bürmann an den Verein heran und erklärte sich bereit, seine Arbeit in den Dienst des Jungfernstiegs zu stellen. In den folgenden Wochen entstanden sechs Bilder, von denen ursprünglich nur eines als Poster vervielfältigt und verkauft werden sollte. Nachdem die Bilder fertig waren, entschloss sich der Verein aber ganz begeistert, gleich drei Bilder anzubieten: »Alsterhaus«, »Panorama Jungfernstieg« und »Lebendiger Jungfernstieg«. Dank der Unterstützung durch Dietrich von Albedyll und Gabriele Heyne von der Hamburg Tourismus GmbH übernahm die Tourismuszentrale den zentralen Verkauf der Poster via Telefon und Internet. Viele weitere Hamburger Institutionen und Unternehmen, darunter die Geschäftsstelle des Hamburger Abendblattes, das Stilwerk, das Kundenzentrum des Bezirksamtes Mitte, das Hapag-Lloyd-Reisebüro am Jungfernstieg, die Vereins- und Westbank, die HHA, das Alsterhaus, das Alstertal-Einkaufszentrum, das Elbe-Einkaufszentrum und das Billstedt-Center, verkaufen die Poster zum Teil noch heute an ihre Kunden und Besucher.

Die Hamburger Medien unterstützen alle Aktionen mit großem Engagement. Dennoch muss der Verein noch weitere Möglichkeiten finden, seine Arbeit bekannter zu machen, um weitere Sponsoren zu finden.

Es passte daher besonders gut, dass die Hamburger Hochbahn, die durch Ulrich Sieg im Verein vertreten ist, dem »Lebendiger Jungfernstieg e.V.« im Frühjahr 2003 ein leer stehendes Ladenlokal im Bahnhof Jungfernstieg anbot. Seit Mai werden hier – direkt zwischen den Ausgängen Alsterhaus und Alsteranleger – nicht nur das Wettbewerbsmodell und die von Peter Wels simulierte Nachtansicht des »neuen« Jungfernstiegs gezeigt, sondern auch auf die Bürmann-Poster, die Wempe-Schwäne und andere Aktionen hingewiesen.

Einen ähnlichen Zweck haben auch die von JCDecaux zur Verfügung gestellten City-Light-Vitrinen, die ebenfalls seit Mai 2003 direkt am Jungfernstieg auf das Projekt und verschiedene Veranstaltungen hinweisen. Besonderer Hingucker ist dabei das »Bauschild« zwischen Reesendammbrücke und Hapag-Lloyd-Pavillon: Hier können Hamburger und Touristen anhand der Wels-Simulation im Riesenformat schon heute sehen, wie die Flaniermeile ab 2005 aussehen wird.

Das bisherige Highlight aller Jungfernstieg-Aktionen war das erste Jungfernstieg-Fest vom 27. – 29. Juni 2003. Das Konzept von Professor Wehberg und André Poitiers greift insbesondere die Tradition des Jungfernstiegs als Ort für hochwertige Veranstaltungen auf und will künftig die Tribüne für Events aller Art sein. Diese Idee, die hinter dem »lebendigen« Jungfernstieg steckt und die deutlich mehr als nur eine städtebauliche Komponente enthält, galt es schon im Jahr 2003 erlebbar zu machen. Es ist dem Engagement zahlreicher Verbände und Unternehmen, vor allem aber zahlreichen Personen zu verdanken, dass dieses Fest ein Erfolg werden konnte: Dirk Marx übernahm die leitende Koordination, Jörg Harengerd kümmerte sich für die Stiftung »Lebendige Stadt« um den größten Laufsteg, den Hamburg je gesehen hat,

City-Manager Henning Albers und Ludwig Görtz überzeugten die Einzelhändler, Langnese organisierte eine Riesen-Party auf dem Alsteranleger, und das Hamburger Abendblatt, der NDR und Radio Hamburg sorgten für Vorankündigung, Show-Acts und die Moderation. Die HEW schließlich ermöglichten mit einem generösen Betrag die Durchführung des gesamten Sommerfestes.

Es wurde eine Veranstaltung, wie Hamburg sie noch nicht gesehen hatte. Nach einem Empfang in der Dresdner Bank hoch über dem Jungfernstieg lockten unten Stände vom »Vier Jahreszeiten« und anderen Bars und Restaurants sowie die Auftaktveranstaltung des Hamburger Elbsommers, bevor der NDR am späten Abend wohl eine der besten deutschen Swing-Bands auf dem Alsteranleger antreten ließ. Vorn die Musiker im weißen Smokingjackett mit schwarzer Fliege, im Hintergrund die Alster und das golden erleuchtete HapagLloyd-Gebäude am Ballindamm – diese Atmosphäre ließ Südstaaten-Gefühle aufkommen und animierte nicht wenige Hamburger zum Tanz auf dem Anleger. Abgeschlossen wurde der erste Abend mit einem einmaligen Feuerwerk über der Binnenalster, bei dem erstmals in Hamburg Musik und Feuerwerk taktgenau aufeinander abgestimmt waren.

Der Sonnabend stand ganz im Zeichen der Mode. Morgens konnten sich die schönsten Hamburgerinnen und Hamburger um den Titel des »Mr. und Miss Jungfernstieg 2003« bewerben, danach zeigten Görtz, Optiker Bode, Brahmfeld & Gutruf, Christ, das Alsterhaus, Dressman, Karstadt Mö, Sport-Scheck, C&A und Wempe ihre aktuellen Kollektionen. Als am Abend die »Fashion-Show« mit ihren akrobatischen Einlagen, den Tanznummern und dem Farbenspiel begeisterte, musste sogar die Polizei eingreifen, weil der Zuschauerandrang alle Fahrbahnen des Jungfernstieg blockierte.

Der Sonntag stand schließlich ganz im Zeichen des Sports. Fußball, Schach, Tanzen, Fahrradfahren – Sport wurde nicht nur präsentiert, sondern gemein-

Jungfernstieg-Fest, Juni 2003

sam mit Sportsenator Rudolf Lange, dem HEW-Vorstandsvorsitzenden Dr. Rainer Schubach sowie Sportveranstaltern wurde auch über die Zukunft der »Sportstadt Hamburg« diskutiert. Nach drei sommerlich-heißen Tagen endete das Programm mit den »Comedian Harmonists« open air auf dem Anleger – eine Reminiszenz an die »goldenen Jahre« des Jungfernstiegs.

Das erste Jungfernstieg-Sommerfest war durch und durch ein Erfolg. Hunderttausende von Hamburgern waren über die Medien oder persönlich vor Ort über die Umbaupläne informiert worden und hatten sich dafür begeistert. Über 200 »Bürmann-Poster« und rund 50 »Alsterschwäne« von Wempe wurden verkauft; und auch die Spendentaschen öffneten sich: Allein von der HSH Nordbank kamen 25 000 Euro, der Grundeigentümerverband spendete spontan 5000 Euro.

Eine gute Grundlage für weitere Veranstaltungen. Der Hamburger Hof plant für den Herbst 2003 eine Ausstellung zum Thema »Jungfernstieg«, der Leiter der DaimlerChrysler-Niederlassung Gerhard Rötters eine große Charity-Versteigerung. Unabhängig davon begannen aber bereits im Juli die vorbereitenden Untersuchungen für die Baumaßnahmen, damit Anfang 2004 der Umbau starten kann. Natürlich wird sich der Verein die Gelegenheit nicht entgehen lassen, auch zu diesem Anlass wieder kräftig die Spendentrommel zu rühren.

Der Anleger am Jungfernstieg, 1925

Jörn Walter

Der Wettbewerb zur Neugestaltung des Jungfernstiegs

Anlass des Wettbewerbs

Der Jungfernstieg ist im Laufe der Jahrhunderte zur beliebtesten Promenade Hamburgs und zu einem der prominentesten öffentlichen Orte überhaupt geworden. Der Klang des Namens ruft überall unvergessliche Erinnerungen an eine der schönsten Stadtkompositionen auf dieser Welt wach, den Binnenalsterraum, und lässt von Jugendlichkeit, großen Gefühlen und vornehmer Lebensart träumen.

Ein Wiedersehen hier und heute lässt die romantischen Erinnerungen dann aber schnell verblassen. An vielen Stellen ist die einstige Pracht verloren gegangen und das stadtgestalterische Gesamtereignis in Einzelelemente zerfallen. Der schleichende und unkoordinierte Einbau von Stadtmöbeln und Verkehrselementen der unterschiedlichsten Provenienz, die keinem einheitlichen Gestaltungskanon folgen, haben der ehemals eindrucksvollen Promenade ihr großstädtisches Ambiente genommen. Das ursprünglich ausgewogene Verhältnis von dichter Bebauung, grüner Promenade und weitläufigem Gewässer ist an dieser spannenden Nahtstelle zwischen Stadt und Wasser verloren gegangen.

Die letzte durchgreifende Umgestaltung hat der Jungfernstieg im Zuge des U- und S-Bahn-Baus Ende der 60er Jahre erfahren. Der ehemals am Ausgang des Neuen Walls vorhandene kleine Rundpavillon, der dem Alsterpavillon – selbst in seiner elegant-modernen und gläsernen Gestalt von 1952/53 – keine Konkurrenz machte und von der Lombardsbrücke nur point de vue sein wollte, wurde damals durch die deutlich zu groß geratenen Gebäude für das Hapag-Lloyd-Reisebüro und das Restaurant ersetzt, die den Blick auf die Binnenalster und die repräsentativen Fassaden des Jungfernstiegs gleichermaßen verstellen. Die damals neu angelegten U- und S-Bahn-Ausgänge sind zwischenzeitlich in die Jahre gekommen und zeigen sich in einer heruntergekommenen und z. T. verbretterten Gestalt. Der aus den Alsterarkaden kommende Fußgänger sieht sich dort, wo er vom Wasser angezogen die Straße zu queren wünscht, durch einen vorstadtwürdigen Zaun auf dem Mittelstreifen daran gehindert. Die gärtnerische Behandlung dieses Streifens auf der Reesendammbrücke vervollständigt schließlich ein Bild der Irritation und verlorenen Würde.

Ziel des Wettbewerbs

Insoweit ist es an der Zeit, die untergegangenen Qualitäten des Jungfernstiegs wieder herauszuarbeiten und ihm eine seiner Prominenz entsprechende und dem Gesamtensemble verpflichtete Gestalt zu geben. Er soll wieder auffordern zum Bummeln, zum Flanieren und zum Müßiggang und soll auch wieder Bühne zum Begegnen und Darstellen sein. Dank der mäzenatischen Förderung durch Prof. Dr. h. c. Werner Otto war es möglich, einen prominent besetzten internationalen Wettbewerb durchzuführen, der sich gleichermaßen an Architekten, Landschaftsarchitekten und Künstler richtete und an dem nach einem vorgeschalteten Bewerbungsverfahren zwölf Teams teilgenommen haben.

Die Ergebnisse lassen ein breites Spektrum künstlerisch hochrangiger Beiträge erkennen, die die Jury weniger vor die Frage »gut oder schlecht« als vielmehr »richtig oder falsch« an diesem Ort stellten. Etwas vereinfachend werden die Arbeiten im Folgenden drei Typologien zugeordnet, die »Ensemble und Integration«, »Differenzierung und Akzentuierung« sowie »Verfremdung und Neuinterpretation« genannt werden. Die Jury kam nach intensiven Diskussionen über die anregenden, reizvollen, zum Teil sehr mutigen und provozierenden Arbeiten letztlich in ihrer Gesamtheit zu der Auffassung, dass einer eher etwas konservativen Haltung der wohl abgestimmten Integration des neu gestalteten Jungfernstiegs in das Gesamtensemble des Binnenalsterraumes der Vorzug zu geben sei. Die positive öffentliche Resonanz auf das Wettbewerbsergebnis hat das bestätigt. Nichtsdestotrotz lohnt es sich, die alternativen Zukünfte dieses prominenten Ortes in einer kurzen Betrachtung zu würdigen.

Ensemble und Integration

In diese Gruppe gehört an vorderster Stelle der mit dem 1. Preis ausgezeichnete Entwurf von WES & Partner mit Poitiers (beide Hamburg). Ihr Lösungsvorschlag ist klar und einfach, jedoch nicht ohne Raffinesse: Der Alsteranleger wird durch eine großzügige, die gesamte Breite des Jungfernstiegs einnehmende Treppenanlage ersetzt, die bis zum Wasser reicht und vielfältige, bewegliche Sitzgelegenheiten bietet. Im Kontrast zu dieser großzügigen, flach gehaltenen Treppenanlage erhält der Jungfernstieg wieder eine klar konturierte, dreiachsige Lindenallee auf der Wasserseite, die die Promenade rund um die Binnenalster fortsetzt, aber durch kastenförmigen Beschnitt und Anordnung auf Lücke doch diskret heraushebt und dauerhaft den Blick auf die dahinter liegenden Fassaden der Jungfernstiegbebauung partiell zulässt. Dem dient auch die Zusammenfassung der Fahrbahnen unter Verzicht auf den Mittelstreifen und die Linden an der bebauten Seite.

Mit diesen wenigen, aber entscheidenden Eingriffen gelingt es den 1. Preisträgern, mit letztlich unprätentiösen Mitteln dem Jungfernstieg wieder eine klare Gliederung in einen Boulevard auf der bebauten Seite, eine großzügige Promenade auf der Wasserseite und einen Aufenthaltsbereich zum Alsteranleger hin zu geben. Im Detail mit viel versprechenden und sinnvollen

Einzelelementen ausgestattet, wie der kleinen Bastion in Verlängerung der Alsterarkaden an der Reesendammbrücke oder dem auf das Mindestmaß reduzierten und einer kleinen Perle auf der Treppenanlage gleichkommenden Pavillon, gelingt es den Verfassern so nicht nur, an die historische Gliederung des Jungfernstiegs anzuknüpfen, sondern auch ein neues Bild von selbstverständlicher und unaufdringlicher Schönheit zu erzeugen.

Sehr ähnlich war dem der Entwurf des 2. Preisträgers, den Büros Agence Ter (Karlsruhe/Paris) und Feichtinger Architectes (Paris). Die gleiche Treppenanlage und ebenfalls ein aufragender Pavillon. Im Unterschied zur Arbeit von WES & Partner mit Poitiers alles etwas radikaler, aber nur eine zweireihige Lindenallee an der Wasserseite und stattdessen die Erhaltung einer Baumreihe an der bebauten Seite, was die Jury im Hinblick auf das Gesamtensemble der Binnenalster als weniger konsequent empfand. Ebenfalls zu dieser, auf die Integration in das Gesamtensemble abzielenden Arbeiten sind die Beiträge von Brandt Dam Akitekter (Kopenhagen) mit Hoyer (Humlebæk) sowie Citterio + Partner (Mailand) mit Kiefer und Vöckler (Berlin) zu zählen.

Differenzierung und Akzentuierung

Die Arbeiten der zweiten Gruppe machen in unterschiedlicher Ausprägung den interessanten Vorschlag, den Anleger für die Alsterschifffahrt dem Jungfernstieg vorzulagern, und greifen damit die Idee der Neugestaltung von Franz Andreas Meyer aus der Wende zum 20. Jahrhundert wieder auf. Mit dem elegantesten Schwung ist dies in Korrespondenz zum Alsterpavillon dem 3. Preisträger, den Büros Dissing + Weitling (Kopenhagen) mit Andersen (Helsingør), gelungen. Der von ihnen vorgeschlagene und dem eigentlichen Jungfernstieg vorgelagerte Promenadenplatz hatte nach Auffassung der Jury

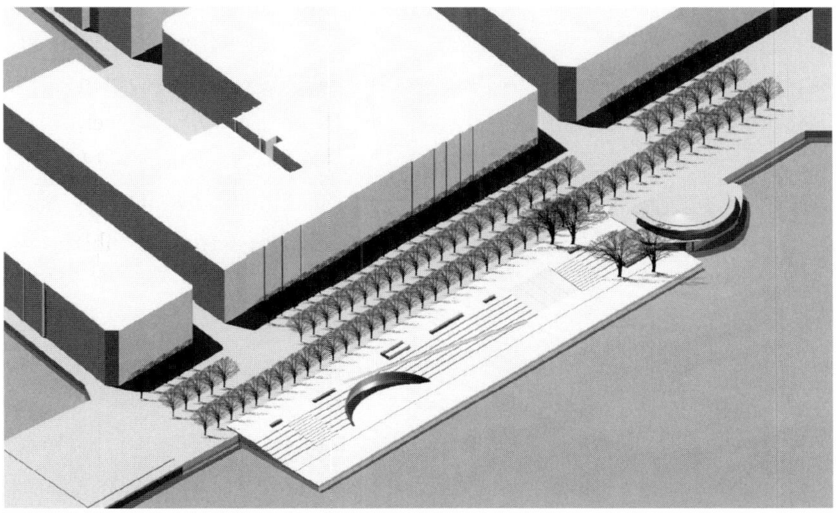

Wettbewerbsentwürfe

oben: Agence Ter (Karlsruhe/Paris) und Feichtinger Architectes (Paris), 2. Preis

unten: Brandt Dam Akitekter (Kopenhagen) mit Hoyer (Humlebæk)

Wettbewerbsentwürfe
oben: Dissing + Weitling (Kopenhagen) mit Andersen (Helsingør), 3. Preis
unten: Perrault (Paris) mit Decker (Bottrop) und Kumrow (Hamburg)

hinsichtlich seiner guten Eignung für Veranstaltungen viel für sich, hinterließ jedoch bezüglich der hoch aufragenden und kaum nutzbaren Glaskuben, der »Verlandung« des Alsterpavillons und anderer Elemente mehr auch mancherlei Fragezeichen.

Die ohne Zweifel radikalste Haltung in dieser Gruppe hat Perrault (Paris) mit Decker (Bottrop) und Kumrow (Hamburg) eingenommen. In ihrem Konzept wird der Alsteranleger in seiner heutigen Gestalt fast völlig zurückgebaut und stattdessen in Form eines weißen Edelpontons weit draußen auf der Binnenalster neu positioniert. Die untere Etage nimmt die Funktionsbereiche (Gastronomie, Alstertouristik usw.) auf, während das Dach allein dem Promenieren und dem einmaligen Blick von dieser Insel vorbehalten bleibt. Wie so oft ist die Kraft dieser eindrucksvoll vorgetragenen Idee jedoch auch ihre Schwäche: Die Binnenalster verliert ihre schönen Proportionen, und alle geliebten Blickbeziehungen von der Lombardsbrücke auf den Jungfernstieg und das Rathausensemble wie vice versa vom Jungfernstieg und Alsterpavillon auf die Lombardsbrücke werden den neuen vom Ponton geopfert.

Friedrich + Partner (Hamburg) mit Louafi (Berlin) bleiben demgegenüber mit ihrem Anleger sehr viel zurückhaltender, hinterlassen aber viele Fragezeichen zu ihrer mit Bäumen überstandenen Reesendammbrücke, während Jourda Architectes (Paris) mit Latz + Partner (München) mit einem senkrecht und eigenwillig in die Binnenalster hineingestellten Anleger- und Bauwerkensemble die Jury nicht recht überzeugen konnten.

Verfremdung und Neuinterpretation

In der Gruppe derjenigen Arbeiten, die dem Jungfernstieg ein ganz neues und vom Binnenalsterraum unabhängiges Gepräge geben wollten, stach wohl am meisten die Arbeit von Geipel Lin Architekten (Berlin) mit Desvigne (Paris) und Nicolai (Berlin) heraus, die eine schiefe, mit Rasen begrünte Ebene als gewissermaßen große innerstädtische Liegewiese vorschlugen. Verbunden mit einem in der Nacht sehr ästhetischen und ansprechenden Beleuchtungssystem war es die konsequenteste und klarste Neuinterpretation des Ortes mit einer ohne Frage hohen Aufenthaltsqualität.

Demgegenüber wirkten die in viele Einzelelemente fragmentierten steinernen »Verstrandungen« und »Verküstungen« des Jungfernstiegs in den Arbeiten von Schwarz (Cambridge, USA) mit Blauraum (Hamburg), Vogt Landschaftsarchitekten (Zürich) mit Barkow Leibinger Architekten (Berlin) und Eliasson (Berlin) sowie Martinez-Lapena mit Figueras und Manrigue (alle Barcelona) viel zu überinstrumentiert und letztlich hilflos gegenüber der ruhenden Kraft des heutigen Ensembles, das alle Inszenierungsbedarfe längst ins Land der Lächerlichkeit verwiesen hat.

Ausblick

Die Jury hat aus den eingereichten Wettbewerbsarbeiten ohne Frage die bescheidenste, aber wohl klügste ausgewählt. Sie ordnet sich mehr als alle anderen dem Gesamtraum der Binnenalster unter und gibt ihm vermutlich gerade deshalb den größten Glanz zurück. Die dem Wettbewerb folgende Machbarkeitsstudie hat gezeigt, dass der Entwurf ohne wesentliche Änderungen realisierbar ist und viele Qualitäten im Detail der Beläge, der Wahl der Bäume und im Beleuchtungskonzept zu entdecken sind. Es steht außer Frage, dass der Jungfernstieg mit diesem Konzept wieder zu einer Visitenkarte Hamburgs werden kann. Was viele sich seit langem wünschen, ist jetzt in greifbare Nähe gerückt.

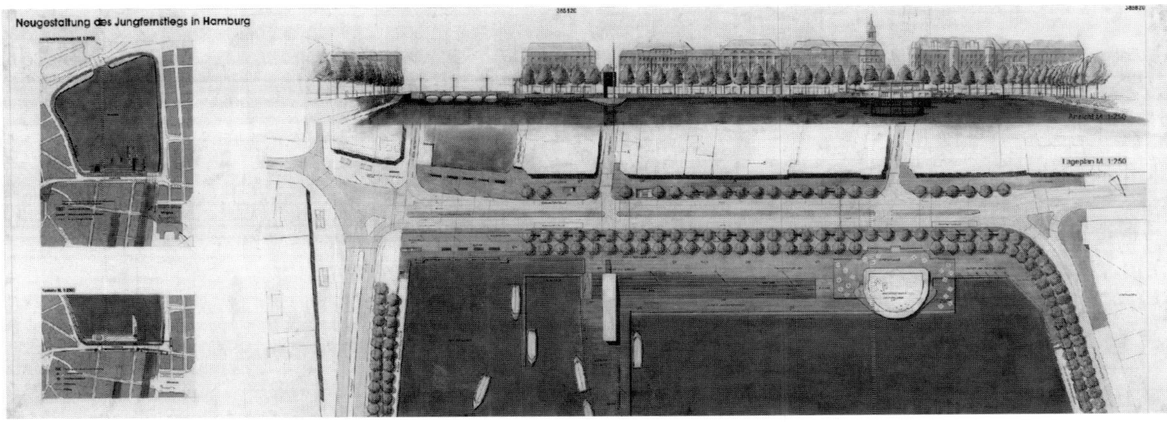

Wettbewerbsentwürfe
oben: Friedrich + Partner (Hamburg) mitLouafi (Berlin)
unten: Jourda Architectes (Paris) mit Latz + Partner (München)

Wettbewerbsentwürfe

oben: Geipel Lin Architekten (Berlin) mit Desvigne (Paris) und Nicolai (Berlin)

Mitte: Vogt Landschaftsarchitekten (Zürich) mit Barkow Leibinger Architekten (Berlin) und Eliasson (Berlin)

unten: Blauraum (Hamburg) mit Schwarz (Cambridge, USA)

Hinnerk Wehberg

Die Neugestaltung des Jungfernstiegs

Ich finde es schade, dass mein Schwiegervater Arend Wulff, ein echter Hamburger seit 1803, nicht mehr erlebt, dass sein Schwiegersohn, der als brotloser »Lilalerchenfeldstudent« seine jüngste Tochter heiratete, mit seinem Büro und den anderen beteiligten Büros Poitiers, Assmann, Brandi und Masuch+Olbrisch den Jungfernstieg umbauen darf. Auch meinen Vater hätte es vermutlich berührt, da er mich nach seinem Studienkontrollbesuch im Wintersemester 1957/58 in der sündigen Großstadt in den Alsterpavillon einlud, den ich als Kunststudent ziemlich bürgerlich, vielleicht sogar spießig fand.

Das war die Ansicht eines jugendlichen Malereistudenten. Später habe ich gelernt, dass Ferdinand Streb, der einige sehr schöne, klare Gebäude gebaut hat, der Architekt war. An das ausfahrbare Dach und Palmen erinnere ich mich allerdings nicht mehr.

Von meiner angeheirateten Hamburger Verwandtschaft habe ich gelernt, dass in Hamburg Variationen von Blau – oder waren es sogar Variationen von Dunkelblau – schon als ziemlich farbig, wenn nicht gar als bunt angesehen werden. Dennoch waren wir in unserem Büro mit einem geborenen Wandsbeker Partner, Michael Kaschke, erstaunt, dass auch wir trockenen, konservativen Vertreter neben so Exoten wie Martha Schwarz, Desvigne und Stararchitekten wie Dominique Perrault aus der großen Bewerberschar für den Wettbewerb Jungfernstieg ausgesucht wurden.

In der Literatur wurde die zugefrorene Alster einmal als der schönste Platz Hamburgs bezeichnet. Hermann Hipp verwendet das Bild des barocken Festplatzes, des Amphitheaters. Eindrücklich beschreibt er die Wandlung der feuchten Alsterniederung zur »guten Stube« der Stadt – zum Mythos Alster.

Trotz aller Begeisterung sah Hamburg lange Zeit sein »schönes« Gesicht jedoch genau auf der anderen Seite der Stadt. Seit den frühesten Stadtansichten war es die Sicht von Süden her; über die Elbe mit Strom, Segelschiffen,

Häusermeer und Kirchtürmen. Erst seit 1800 wird die Binnenalster und der Blick von Norden zum identitätsbildenden Motiv.

Wir bedauern, dass die bisherigen Straßenbaumaßnahmen und andere Bautätigkeiten das Wasser optisch und tatsächlich immer weiter von der Häuserzeile entfernt haben. Die Nahtstelle zwischen Stadt und Wasser reißt ab. Das Bild der Alster als barocker Festplatz, als Amphitheater stellt sich zurzeit nicht ein, oder doch? Die Hamburger halten an ihrer Alster fest. Große Spaziergänger und Freiluftfanatiker prahlen sommers wie winters mit dem See im Herzen ihrer Stadt. In jedem Fotoalbum ist der Jungfernstieg zu sehen. Mit Mama und Papa an der Alster, oder mit der Cousine aus Osnabrück.

»Amphitheater« ist nicht nur ein architektonisches Bild, sondern auch ein Symbol. Ein Symbol für Aktion, für Performances, für Zusammenkommen, Festefeiern und Genießen. Die Binnenalster ist Hamburgs Amphitheater, und die Hamburger wollen an die Alster.

Wir möchten auf möglichst einfache, hoffentlich klare Weise die komplizierte Schichtung von Barrieren zwischen der Hauskante und dem Wasser abbauen und das Wasser, den Himmel über dem Wasser und den Blick auf die Lombardsbrücke zurückgewinnen. Wir möchten das Trottoir um zwei Meter verbreitern, befreit von den Bäumen und fast ohne Mobiliar. Lediglich die hohen Lampen sollen hier stehen. Vorsichtig beleuchten sie die Fassaden, deutlich den Bürgersteig und noch kräftiger die Straßen. Der einheitliche Boulevard ist nicht mehr durch Grünstreifen, Bäume und Zaun unterteilt; lediglich eine weiße Linie trennt die Fahrtrichtungen. Das Ergebnis ist ein breiter, ruhiger Boulevard von Bordstein zu Bordstein mit möglichst wenig Seitengefälle.

Der um acht Meter eingekürzte, zum Teil mit Bäumen überstellte Promenadenplatz verläuft von der Straße kontinuierlich bis zum Wasser. Im Gegensatz zu heute kann man die Alster von der Straße aus sehen. Mit »eingekürzt« ist gemeint, dass wir die heutige Wasserkante um ca. acht Meter zurückschieben. So weit es eben geht. Die gezielt aufgereihte Lindenarkade öffnet stärker als heute das Blickfenster auf die Alster und umgekehrt auf die spannenden Fassaden des Jungfernstiegs.

Dieser zum Wasser abfallende Platz wird lediglich durch Lichtbänder im Unterschnitt der Stufen beleuchtet und gegebenenfalls durch Bodenstrahler in die Baumkronen. Die schattig dämmrige Wirkung im Gegensatz zum hellen Boulevard ist ausdrücklich gewünscht. Wir wollen bewusst auf Mastleuchten an der Uferkante verzichten, um nachts nicht den Blick in die Tiefe der Binnenalster mit der Lombardsbrücke zu überstrahlen. Der Blick auf die Bühne muss frei sein, sonst sieht man das Bühnenbild Lombardsbrücke–Ballindamm–Neuer Jungfernstieg nicht. Mit Ausnahme der Straße könnte die gesamte befestigte Fläche hell und freundlich gepflastert sein wie beispielsweise die Mönckebergstraße. Die geformten Bäume sollten anders stehen als heute, ohne jede Aufkantung im Belag, in einer quadratischen Baumroste oder Grandscheibe.

Auf den 30er Stufen sind verschiebbare Bankelemente vorgesehen, die sich als Einzelsitze oder, zusammengeschoben, als Tribüne nutzen lassen. So soll eine flexible Bühne mit Zuschauerraum für viele und vieles entstehen. Hinzu kommen hoffentlich die zahlreichen Stühle und Tische der Wirte.

Die Andienung der Schiffe und der Pavillons erfolgt über Rampen an den Mauern, und die HAPAG erhält einen neuen Pavillon. Ein schlichter Kubus mit zwei Geschossen.

Was wir, d.h. die Büros Assmann Ingenieurbau, Brandi Licht, Masuch + Olbrisch Verkehr, André Poitiers Hochbau, Peter Wels Zeichnungen und WES & Partner, gemeinsam erarbeitet haben, schließt in einem hohen Maß auch die Verwaltung der Hansestadt sowie HVV, HAPAG und ATG ein. Die enge Zusammenarbeit ist geprägt von großem Entgegenkommen. Zum Beispiel im Bereich der Straßenführung und veränderter Bushaltestellen. So wird es demnächst eine Haltestelle »Jungfernstieg« geben.

Wir wünschen der Stadt, dass die Alster möglichst häufig zur Bühne für Events jedweder Form wird. Bestimmte Ereignisse könnten sich jedes Jahr wiederholen und zum festen Termin werden. Beispielsweise ein schwimmendes Osterfeuer oder Sonnenwendfeuer. Vielleicht feiert dann das schwedische Konsulat hier Mittsommer; und am Lucia-Tag schwimmen Tausende von Lichtern auf der Binnenalster, die von den Kindern eingefangen werden können. St. Nikolaus könnte mit dem Boot an den Jungfernstieg kommen, und jedes Jahr findet der Hamburg Triathlon mit Start und Ziel am Jungfernstieg statt. Könnte nicht auch die Hanseboot hier an einem Schwimmsteg eine Dependance erhalten? Der Fantasie sind keine Grenzen gesetzt.

Unser Wunsch ist es, eine möglichst selbstverständliche und klare Gestaltung zu schaffen, die durch Verzicht auf große und aufwändige Einbauten eine größtmögliche Nutzungsvielfalt erlaubt.

Die Alster, der »Central Park« Hamburgs, der Jungfernstieg, wird seine Faszination nie verlieren. Wir hoffen, dass die Binnenalster nach der Veränderung des Jungfernstiegs vieles von dem zurückgewinnt, was auf den alten Stichen, die in diesem Buch zu sehen sind, zu ahnen ist.

Das Wettbewerbskonzept

der Planungsgemeinschaft WES & Partner, André Poitiers, Masuch + Olbrisch Beratende Ingenieure, Assmann Beraten + Planen, Ulrike Brandi Licht

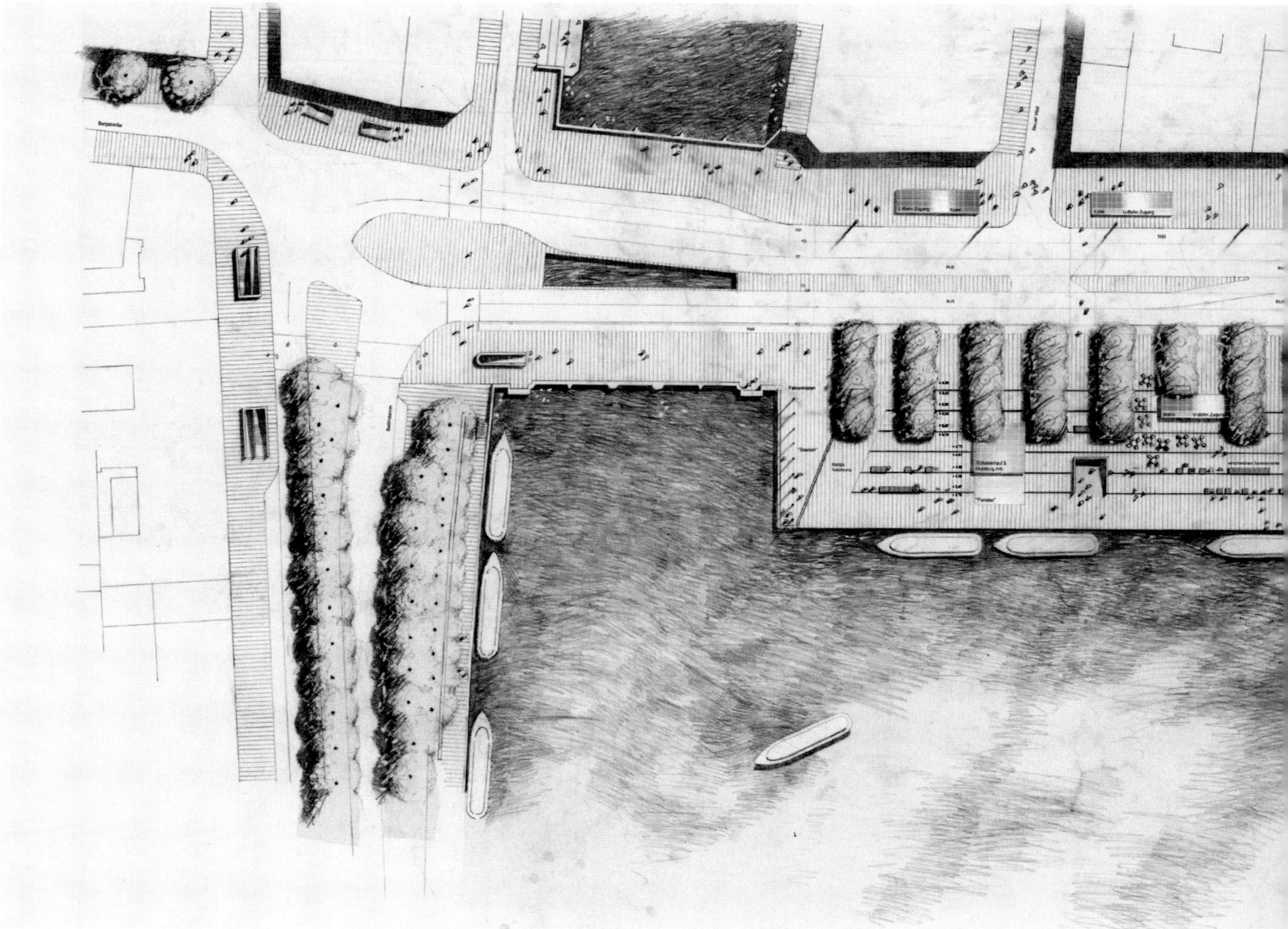

Der neue Jungfernstieg ist als großzügige Treppenanlage in die Alster geplant. Mit baumüberstandenen Stufenreihen über eine Ausdehnung von 250 Metern. Lässt sich die Stringenz dieses Entwurfes über die gesamte Ausdehnung durchhalten? Wie müssen die Anschlüsse und Übergänge aussehen? Wie kann das Nebeneinander von Fahren, Gehen und Ruhen gewährleistet werden, wenn der Jungfernstieg gleichzeitig Knotenpunkt der Verkehrsströme sowie Treffpunkt und Aufenthaltsort ist? Wir müssen also die Neuordnung dieses Freiraumes im Spannungsfeld der gegebenen technischen Einbauten, Bauwerke und Leitungen betrachten.

Stadträumlich gesehen bildet der Jungfernstieg die Schnittstelle zwischen Innenstadt und Binnenalster. Er ist gekennzeichnet durch eine deutliche Teilung in einen oberen, baumüberstellten Boulevard und einen tiefer gelege-

Lageplan des neu gestalteten Jungfernstiegs

nen, freien Platz zwischen zwei Pavillon-Bauten, die den seitlichen Abschluss bilden. Der Alsterpavillon verfügt zudem über eine Wasserseite, während der 70er-Jahre-Pavillon eine schifffahrtstechnische Rückseite mit Nebenzugang hat. Durch den großräumigen Platz am Wasser wirkt der Boulevard heute, als wäre er vom Wasser abgeschnitten.

Durch eine neue Platzgestaltung wollen wir den städtebaulichen Rahmen der Binnenalster unterstützen. Die als unruhige Großform in die Alster geschobene untere Platzfläche soll durch eine zurückgezogene großzügige Sitzstufenanlage ersetzt werden, und die Anlegerkante wird jenseits des Alsterpavillons als Einrahmung der Binnenalster fortgeführt. Der Übergang zur Kleinen Alster wird durch eine Bastionsmauer konturiert und bildet so einen neuen Zielpunkt der Alsterarkaden.

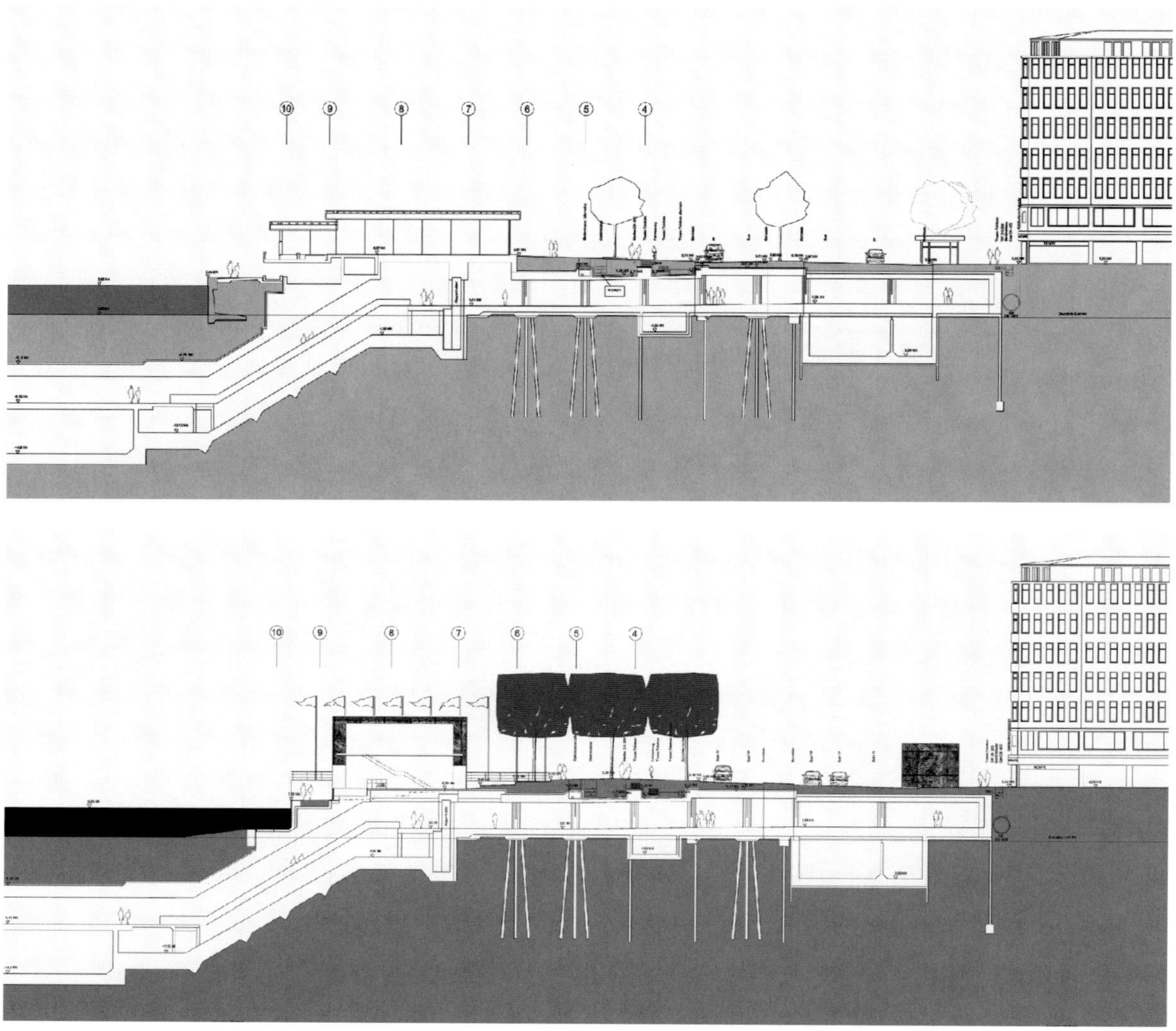

Der gegenwärtige Bestand des U-Bahn-Abgangs (oben)
und der geplante; mit Schnitt durch den neuen Pavillon

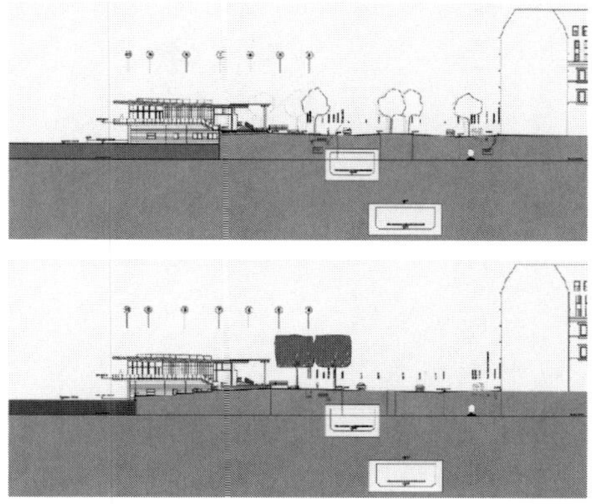

Ein Schnitt des gegenwärtigen Alsterpavillons (oben); unten mit neuer Nutzfläche auf der Westseite des Pavillons

Der eigentliche Gestaltungsplan orientiert sich eng am Wettbewerbsentwurf. Doch bei der Umsetzung unserer Vorstellungen waren wir insbesondere in Hinblick auf die unterirdischen Bunkeranlagen und Leitungen gefordert. Ihre Lage gilt es zu berücksichtigen. Die Hochbauten haben wir auf ihre Höhe hin überarbeitet und auf einen dritten überdachten Hochbahneinstieg verzichtet.

Durch die den Sitzstufen vorgelagerten Gehstufen ist auch weiterhin der Zugang zu Anleger und Pavillon möglich. Als Belagsmaterial sollen Naturstein oder hochwertiger Kunststein verwendet werden. Das Baumaterial für die Bastion wird an die Natursteinverkleidung der Reesendammbrücke angelehnt. Auf eine Öffnung in der Reesendammbrücke wird aus Kostengründen verzichtet. Die Wasserfläche lässt sich von der Straße aus zudem nur begrenzt wahrnehmen.

Die Westseite des Alsterpavillons erhält eine neue Nutzfläche und einen direkten Zugang zum Wasser mit einer weiter geführten Treppenanlage. Eine seitliche Rampe erleichtert den Zugang zum Anleger. Die Vorderkante des Anlegers trifft auf den Pavillonvorbau, so dass der Wasserbezug des Alsterpavillons durch die in die Alster ragende »Geste« des Vorbaus erhalten bleibt.

Die im Schnitt in Anteilen verdeckten Fenster des Untergeschosses werden durch vorgesetzte Kasematten geschützt. Die Höhenlage am Zugang des Alsterpavillons ist bindend, lediglich die Straßenhöhen werden durch die Neuordnung angepasst.

 Ein neuer Pavillon wird das heutige Hapag-Lloyd-Gebäude ersetzen

Der Hochbahnausgang zum Anleger bleibt in seiner Funktion erhalten. Durch die Entfernung des 70er-Jahre-Pavillons bzw. dessen Neugestaltung wird die Lauflänge des Ausgangs verkürzt. Am Anleger bleibt eine sechs bis zehn Meter breite Fläche bestehen. In der Treppenanlage selbst dient eine Glasbrüstung als Absturzsicherung.

Die auf dem gesamten Straßenraum verteilte Baumbepflanzung wird als Dreierreihe strukturiert. In der weiteren Bearbeitung werden sich sicherlich noch Höhe- und Lageanpassungen von Boulevard, Treppe und Baumbepflanzung ergeben, abhängig von den Leitungsführungen und den unterirdischen Einbauten.

Der neue Pavillon besetzt in etwa die Fläche des heutigen Hapag-Lloyd-Reisebüros und liegt südlich der Freitreppe, die aus der Schalterhalle auf den Anleger führt. Er wird als zweigeschossiger Kubus in die Treppenanlage integriert und misst ca. 14 Meter in Breite und Tiefe, bei einer Höhe von ca. 8,70 Metern über dem Anleger. Der Haupteingang orientiert sich zum Bürgersteig und zur Straße hin und liegt dementsprechend ebenerdig. Das Obergeschoss, das auch durch einen Aufzug erreicht werden kann, wird durch eine Freitreppe erschlossen.

Die Hauptfläche des neuen Pavillons wird sowohl als Reisebüro wie auch als Ausstellungsbereich genutzt werden. Denkbar sind zum Beispiel Schiffsausstellungen, Geschichte des Jungfernstiegs etc. In einer Teilfläche am Anleger wird der Kartenschalter der ATG eingerichtet. Mit direktem Blick auf die Binnenalster können hier die Tickets gekauft werden. Eine filigrane Glaskonstruktion bildet die Fassade und das Dach des neuen Pavillons. Das Erdgeschoss ist vollkommen transparent. Im Obergeschoss sowie im Sockelbereich ist das Glas transluzent-marmoriert (»Alabaster«).

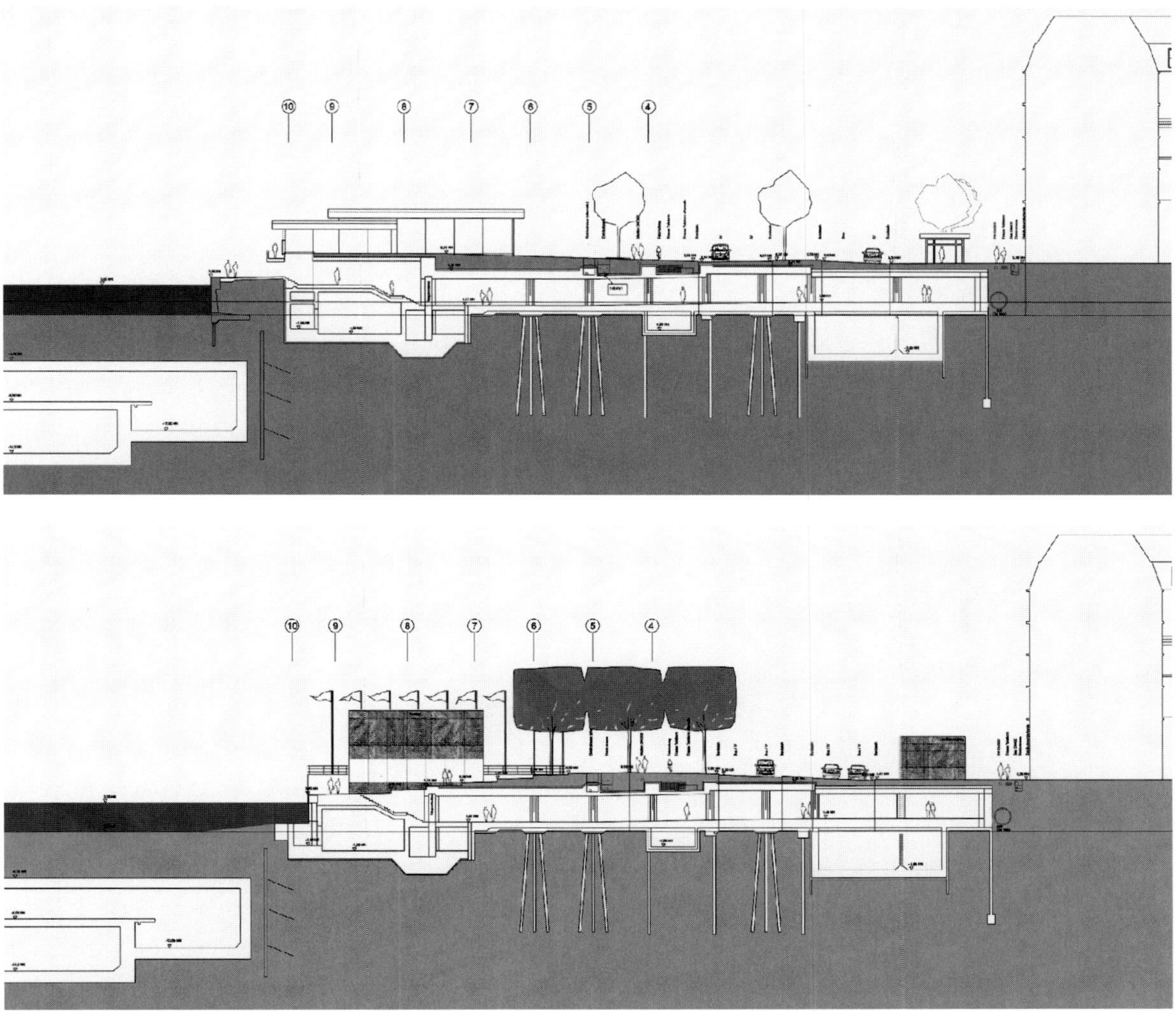

Der gegenwärtige (oben) und der geplante Treppenausgang
zu den U- und S-Bahn-Schächten

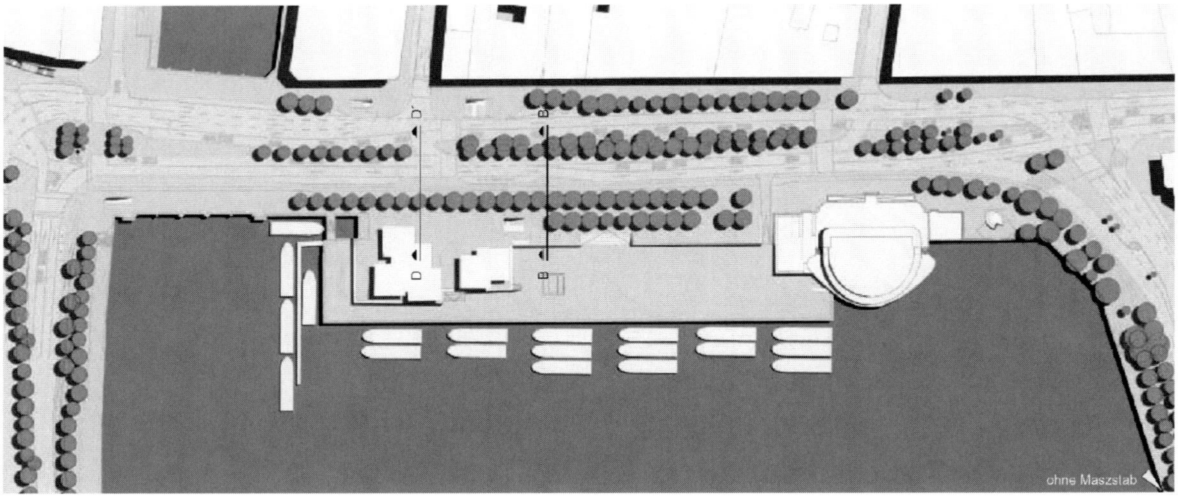

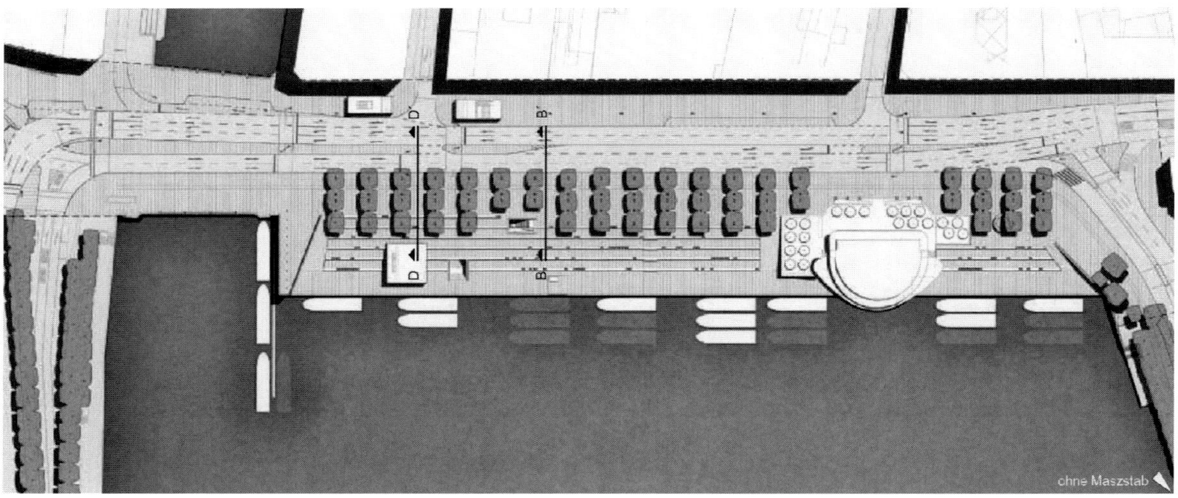

Der Baumbestand am Jungfernstieg heute (oben)
und die geplante Neubepflanzung

Heute reiht sich am Jungfernstieg Baum an Baum, in gerader Linie. Der obere Teil des Jungfernstiegs ist komplett mit Linden überstellt, die nah an die Häuserfassade reichen. Durch die lineare Ausprägung ist der Blick auf die Binnenalster sowie von dort auf die Häuserzeile versperrt. Diese Barriere wird durch die Unterpflanzungen auf dem Mittelstreifen noch verstärkt. Der heutige Baumbestand stammt weitgehend aus der Umgestaltung in den 70er Jahren. Die Art der Bepflanzung, vorwiegend Linden, orientiert sich an den Lindenreihen um die Binnenalster. Eine Umpflanzung der Bäume im Rahmen der Neugestaltung ist aufgrund des Zustands vieler Bäume nicht zu vertreten, und auch eine Kombination aus altem und neuem Baumbestand sehen die Fachleute als kritisch an. Die alten Bäume würden der Neubepflanzung, die in der Baumschule optimal vorbereitet wurde, auf lange Sicht »hinterherhinken«. Darüber hinaus wäre dadurch auch die Artenauswahl für die neue Baumgruppe stark eingeschränkt.

Die Neugestaltung ordnet den Jungfernstieg in drei Hauptbereiche: ein frei gestellter Straßenraum mit baumfreiem, deutlich vergrößertem Fußgängerbereich vor den Fassaden, ein lindenüberstellter Boulevard auf der Wasserseite und eine offene Treppenanlage zum Anleger. Als Baumart sind Silberlinden vorgesehen. Die Pflanzabstände sollen 7,50 Meter auf 13 Meter betragen; man kann also vom Gehweg wieder frei auf die Alster schauen. An Einbauten wie dem Hochbahnausgang oder den Terrassenbauten des Alsterpavillons wird die Baumallee eingerückt. Der Alsterpavillon und die neu geschaffene Bastion werden bewusst frei gestellt. Im Westen setzt sich die vorhandene Lindendoppelreihe am Neuen Jungfernstieg in ihrer Lage und ihrer Artenauswahl von der Neugestaltung am Jungfernstieg ab. Sie bildet sozusagen ein Fenster im Alsterrahmen am Ende der Colonnaden. Im Osten, am Ballindamm, endet die vorhandene Baumreihe an der Reesendammbrücke, und der Kreuzungsbereich Ballindamm wird frei gestellt.

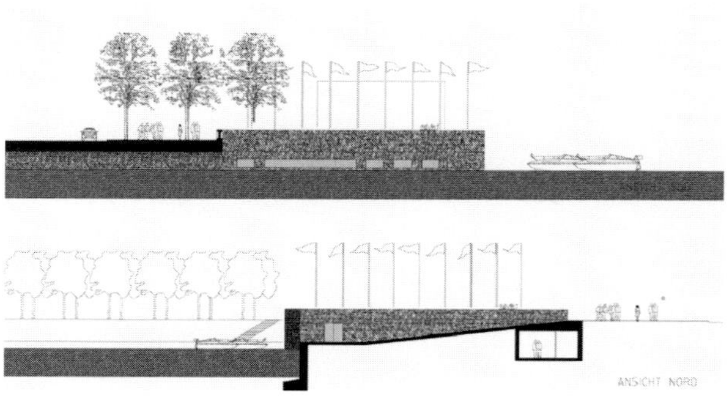

102 Die »Bastion«, das neue Bauwerk am südlichen Abschluss der Freitreppenanlage

Am Jungfernstieg werden neue Hochbauten entstehen und bestehende Funktionen in neue Hüllen gefasst. Die vorhandenen Büro- und Dienstleistungsbauten wie Alstertouristik oder Hapag-Lloyd-Pavillon werden neu gestaltet und in eine sinnvolle architektonische Relation zum Alsterpavillon gebracht.

Als südlicher Abschluss der Freitreppenanlage entsteht mit der so genannten »Bastion« ein neues Kopfbauwerk. Das Gebäude hat eine Länge von ca. 29 Metern, und die Breite nimmt von ca. 13 Metern auf ungefähr 5 Meter in Richtung Alster ab. Das Dach der Bastion liegt auf der Höhe des Bürgersteigs am Jungfernstieg und ist begehbar. Der Hauptzugang liegt am Alsteranleger. Die unterschiedlichen Höhenlagen im Inneren werden ausschließlich durch Rampen überwunden.

In der Bastion werden sämtliche Räume der ATG untergebracht sein. Die Räume, in denen Tageslicht benötigt wird, orientieren sich zur Reesendammbrücke und werden durch Fenster natürlich belichtet. Lager- und Nebenräume dagegen liegen unterirdisch, entlang der Verbindung zur Schalterhalle.

Die Bastion nimmt den Materialcharakter der Reesendammbrücke auf. Die Fassade wird aus Naturstein, etwa Granit, oder hochwertigem Kunststein bestehen. Das begehbare Dach erhält eine massive Brüstung.

Im Laufe seiner Geschichte haben fast alle Verkehrsmittel den Jungfernstieg gequert. Ziel der Neugestaltung ist es, wieder die ursprüngliche geradlinige Form herauszuarbeiten. Der Jungfernstieg soll wieder ein Boulevard werden. Und er soll endlich eine Anbindung an Hamburgs Busverkehrsnetz erhalten. Der Schiffsverkehr wird vor dem umgestalteten Anleger neu geordnet.

Der Jungfernstieg heute ist eine Hauptverkehrsstraße. Neben seiner Funktion als Einkaufsmeile hat er eine wichtige Verbindungsfunktion. Die Fahrbahn ist in beide Richtungen zweispurig, und an den Anschlüssen Ballindamm / Bergstraße und Neuer Jungfernstieg / Colonnaden sowie an den Einmündungen Neuer Wall und Große Bleichen weitet sich die Fahrbahn durch zusätzliche Abbiegespuren. An Werktagen befahren rund 18 000 Fahrzeuge und drei Buslinien den Jungfernstieg. Die Gebäudeseite ist geprägt durch diverse Park- und Taxiplätze.

Um den Boulevardcharakter zurückzugewinnen, muss die Verkehrsführung am Jungfernstieg grundlegend geändert werden.

Aus stadtplanerischen Gründen soll auf den Mittelstreifen verzichtet und die Fahrbahnen enger zusammengefasst werden. Die Busspur wird zugunsten von Haltestellen für Linienbusse weggelassen; es wird einen gemischten Fahrstreifen für Individual- und Linienverkehr geben. In der Höhe der Alsterarkaden schlagen wir einen zusätzlichen Fußgängerübergang mit Ampel vor.

Die geplanten Bushaltestellen werden für zwei Gelenkbusse mit einer Gesamtlänge von rund 50 Meter ausgelegt. Sie können am Fahrbahnrand halten. Das wird sich kaum auf den Verkehrsfluss auswirken, da immer noch ein Fahrstreifen für den Individualverkehr zur Verfügung steht. Ein Teil der Park- und Taxistellplätze muss allerdings den Bushaltestellen weichen. In Planung sind zurzeit acht Parkplätze und elf Taxiplätze. Die Haltestelle für Reisebusse wurde auf den Neuen Jungfernstieg, in den dortigen Parkplatz-Bereich, verlegt. Anlieferungen können in Zukunft, soweit das nicht von den

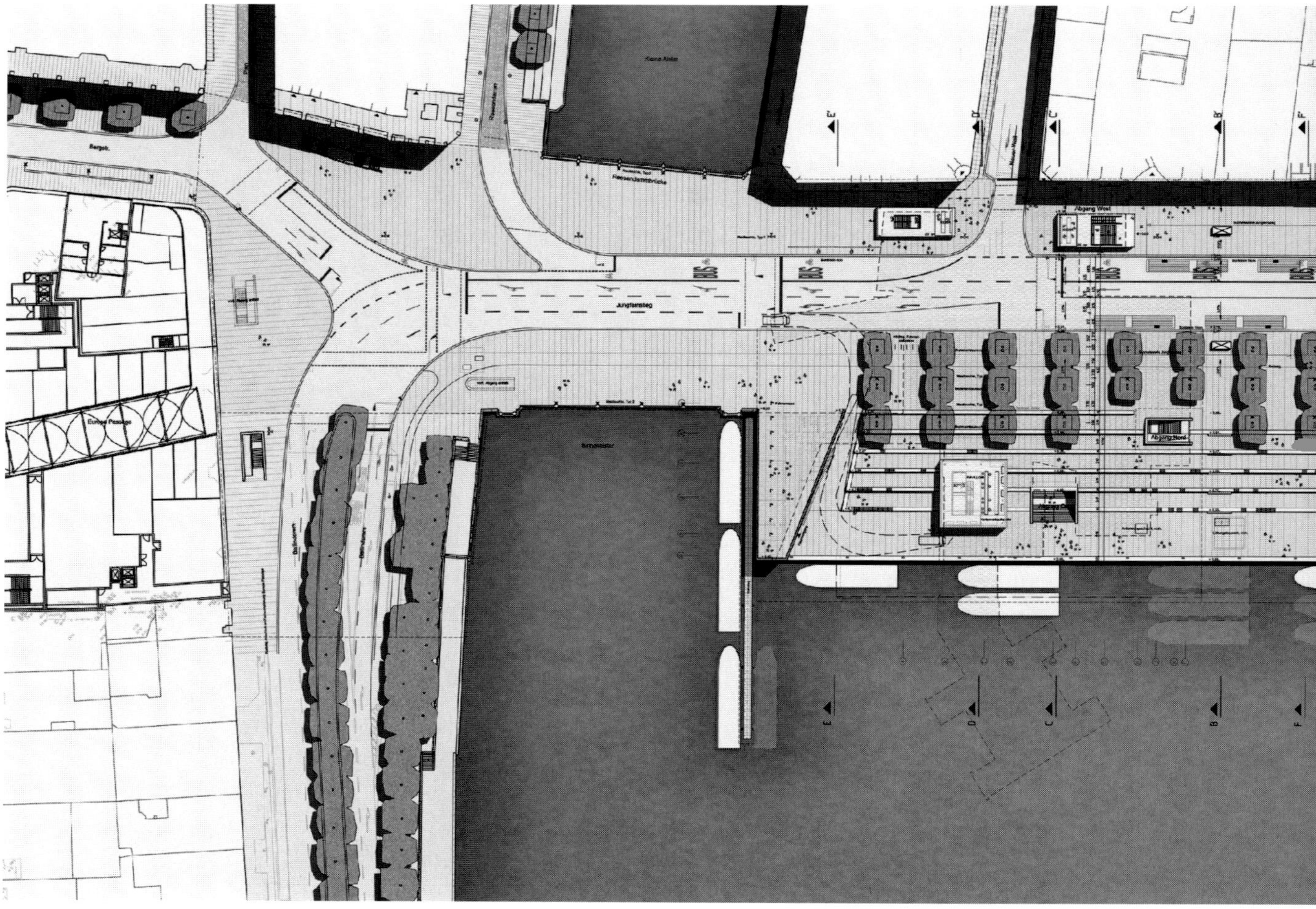

Bushaltestellen aus möglich ist, über die vorhandenen Anlieferstreifen an den Einmündungen Neuer Wall und Große Bleichen erfolgen.

Die Kreuzung Ballindamm/Bergstraße wird ebenfalls umgestaltet; sie soll schlanker werden. So entsteht eine größere Fläche vor der zukünftigen Europapassage. Die Radfahrer können auch auf dem neu gestalteten Jungfernstieg zwischen den Bäumen auf dem Zweirichtungsradweg an der Wasserseite fahren.

Gegenwärtig, und während der Umbauphase, werden für den Schiffsverkehr sechs Anlegeplätze und 21 Liegeplätze benötigt. Die Anzahl der nebeneinander liegenden Schiffe sollte drei nicht überschreiten. Die genannten 21 Liegeplätze beziehen auch die nicht zur ATG gehörenden Schiffe mit ein, nicht jedoch das Schiff der Alsteraufsicht, das zurzeit parallel zur Reesendammbrücke liegt.

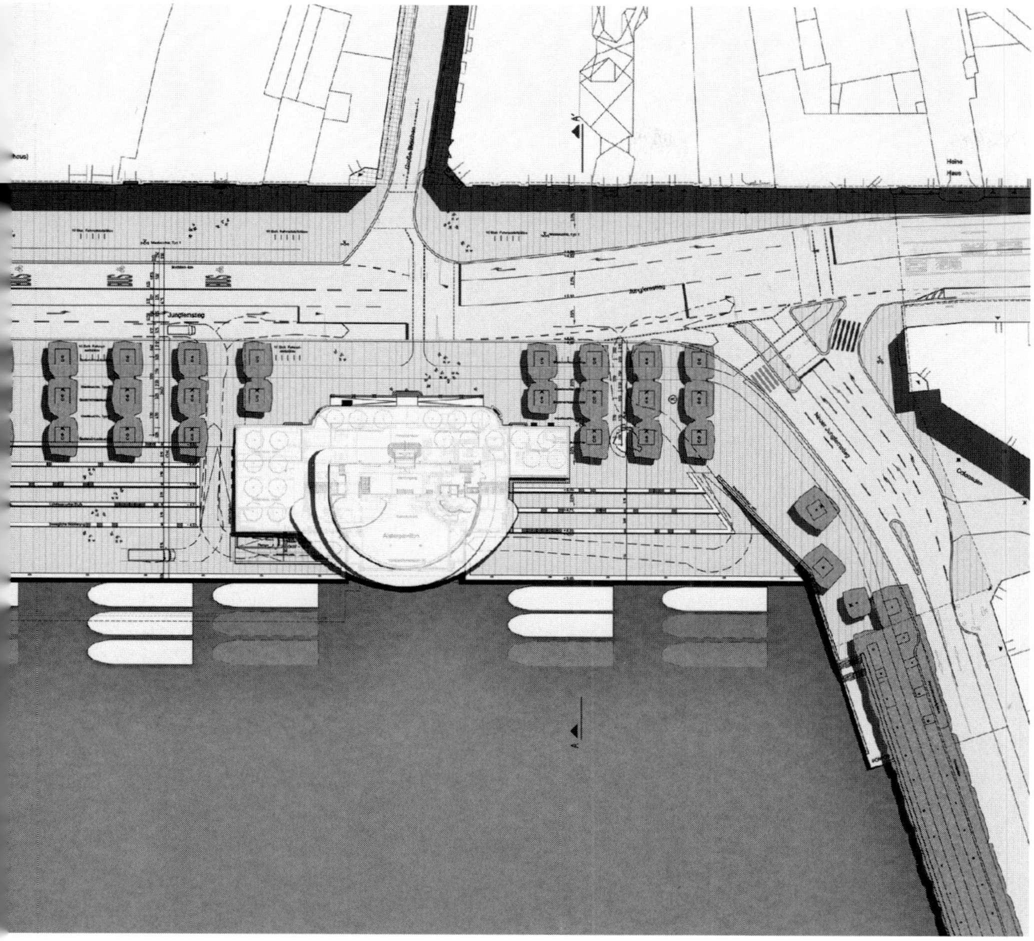

Die neue Straßen- und Verkehrsplanung; Stand: Vorentwurf Juni 2003

Auf den Steg kann nicht verzichtet werden, da er einerseits eine Abgrenzung zur Schleuse ist und tagsüber eine Warteposition für Schiffe bietet und andererseits als Liegeplatz benötigt wird.

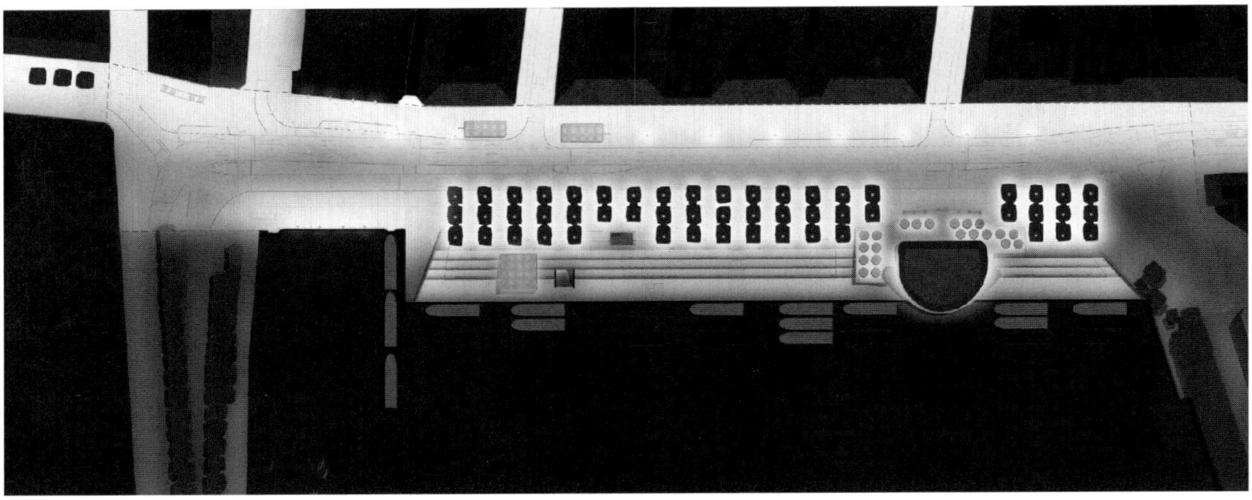

Ein zurückhaltendes Beleuchtungskonzept schafft abendliche Atmosphäre am Jungfernstieg

Licht als Gestaltungselement im Freien entspricht oft nicht den hohen technischen Werten der so genannten Mindestleuchtstärken einschlägiger DIN-Normen. Es zeigt sich aber häufig, dass der Stadtraum mit »Sicherheitslichtstärken« völlig überstrahlt wird.

Gerade am Jungfernstieg, vor allem am Anleger, lässt erst ein zurückhaltender Lichteinsatz die Wasserfläche in ihrer Weite erlebbar und den Horizont mit der Lombardsbrücke erkennbar werden. Funktionslicht kommt am Anleger erfreulicherweise schon mit den beleuchteten Schiffen von selbst »an- und abgefahren«. Die Straße soll gerichtetes Licht von 16 Meter hohen Masten erhalten. Die Leuchten selbst treten jedoch nicht als Objekte in Erscheinung, denn das funktionale Licht schafft die geforderten Beleuchtungsstärken und hält den Blick von der Uferkante auf die Fassade frei. Die Masten werden darüber hinaus genutzt, um die Häuserfassaden des Jungfernstiegs sanft zu beleuchten. Durch eine flächige, gleichmäßige und zurückhaltende Anstrahlung wird zum einen der Stadtraum betont, und zum anderen bleibt die Möglichkeit, wichtige Gebäude der Stadt – beispielsweise das Rathaus – durch eine Differenzierung der Beleuchtung hervorzuheben.

Eine Besonderheit bilden die Kandelaber auf der Brücke. Die Sonderleuchten betonen das in Hamburg so präsente Thema Wasser und schaffen das Bewusstsein, sich auf einer Brücke zu befinden.

Die Bepflanzung des Bereichs zwischen Straße und Uferkante spielt mit dem Thema Durchblick und bietet gleichzeitig Atmosphäre. Das zurückhaltende Licht aus den Mastleuchten schafft die geforderten Beleuchtungsstärken, und das Streulicht in den Baumkronen schafft Atmosphäre.

Durch eingelassenes Glasfaserseitenlicht erhalten die Stufen der ruhigen, großen Stufenanlage Licht, und die Fläche bleibt frei von Leuchtenkörpern. So bildet die großzügige freie Fläche vor der Uferkante das Entree zum Wasser.

Weibliche Allegorie der »Alstria« auf die Binnenalster gelagert.
Die Flussgöttin hat sich sozusagen auf dem Jungfernstieg
niedergelassen. Auf dem Wasser Schwäne und Bootsvergnügen.
Im Hintergrund der Wall und die Lombardsbrücke, 1744

Dank

Das erste Buch über den Jungfernstieg – eigentlich erstaunlich, dass man sich nicht schon früher ausführlich mit Hamburgs beliebtester Flaniermeile beschäftigt hat.

Nun soll sie also bald in neuem Glanz erstrahlen.

Das Besondere: Die Finanzierung des ambitionierten Projektes liegt zum größten Teil in privaten Händen. Unternehmen der Hansestadt und viele Hamburgerinnen und Hamburger spenden für den neuen Jungfernstieg.

Auch dieses Buch ist das Ergebnis einer außergewöhnlichen Zusammenarbeit. Der Verein »Lebendiger Jungfernstieg e.V.«, die Behörde für Bau und Verkehr, die Landschaftsarchitekten und Architekten sowie der Verlag Die Hanse haben Texte, alte Stiche, Fotos und Pläne zusammengetragen, um die wechselvolle Geschichte des Jungfernstiegs dokumentieren zu können.

Mein Dank gilt insbesondere Linda Strüngmann und Birgit Johannsen von der Behörde für Bau und Verkehr für ihre tatkräftige Unterstützung sowie Michael Kaschke und Felix Holzapfel-Herziger von WES & Partner, Büro für Freiraumplanung und Landschaftsarchitektur, die immer ein offenes Ohr für meine Fragen hatten. Vor allem aber danke ich Ulrike Theilig vom Herstellungsbüro, die für die Gestaltung des Buches verantwortlich zeichnet, und Stephanie Delavre, Verlag Die Hanse, die mir jederzeit mit Rat und Tat zur Seite standen.

Dorothée Engel

Die Autoren

Horst Beckershaus (H.B.), geboren 1929, widmet sich seit vielen Jahren seiner Leidenschaft: Hamburg. Von ihm stammen die Anekdoten rund um den Jungfernstieg, die den Text von Hermann Hipp ergänzen. Horst Beckershaus ist Autor der Standardwerke »Die Namen der Hamburger Stadtteile« und »Die Hamburger Straßennamen«; beide im Verlag Die Hanse erschienen.

Robert Heinemann, geboren 1974, ist gelernter Bankkaufmann und studierte Betriebswirtschaftslehre an der FernUniversität Hagen. Seit 1999 arbeitet er für ECE Projektmanagement und ist u.a. für die Öffentlichkeitsarbeit in Deutschland zuständig. Darüber hinaus ist er Geschäftsführer des Vereins »Lebendiger Jungfernstieg e.V.«.

Hermann Hipp, geboren 1944, Dr. phil., ist Kunsthistoriker. Von 1974 bis 1984 war er wissenschaftlicher Mitarbeiter des Denkmalschutzamtes der Stadt Hamburg. Seit 1984 ist er Professor am Kunstgeschichtlichen Seminar der Universität Hamburg.

Thomas Radbruch, geboren 1945, arbeitete nach dem Besuch der Hamburger Fotoschule als Bildjournalist, Mode- und Architekturfotograf, bei Film und Fernsehen sowie in der Werbung. Seit 1982 ist er freischaffend und hat zahlreiche internationale Ausstellungen ausgerichtet. 2000 erschien sein Bildband »Hamburger Impressionen« im Verlag Die Hanse.

Jörn Walter, geboren 1957, studierte Raumplanung an der Universität Dortmund. Von 1985 bis 1991 war er Leiter des Amtes für Stadtentwicklung und Umwelt der Stadt Maintal und von 1991 bis 1999 Leiter des Stadtplanungsamtes in Dresden. Seit 1999 ist er Oberbaudirektor der Freien und Hansestadt Hamburg.

Hinnerk Wehberg, geboren 1936, studierte Malerei an der HfBK Hamburg, war Visiting Lecturer am Hornesy College of Fine Art London und arbeitete als freier Maler und Bildhauer. Seit 1982 ist er Professor am Institut für Städtebau und Landschaftsplanung der TU Braunschweig. 1969 Bürogründung Wehberg-Lange, heute WES & Partner, Landschaftsarchitekten.

Peter Wels, geboren 1946, studierte Architektur und gründete 1981 das »Atelier für Architekturdarstellung« in Hamburg. 1991 erhielt er den Preis der American Society of Architectural Perspectives, New York. Von ihm stammen die beiden Architekturzeichnungen des neuen Jungfernstiegs bei Tag und Nacht.

Dorothée Engel, geboren 1960, studierte Germanistik und Soziologie in Bonn und Freiburg. Nach Stationen beim Birkhäuser Verlag, Basel, der Zeitschrift »mare« sowie der Multimedia-Agentur Kabel New Media arbeitet sie heute als Programmleiterin des Hamburger Verlags Die Hanse.

Verein Lebendiger Jungfernstieg

Vorstand

Marzel Becker, Radio Hamburg; Ludwig Görtz, Trägerverbund Projekt Innenstadt e.V.; Robert Heinemann, Stiftung Lebendige Stadt; Pascal Funke, Funke Media GmbH; Dr. Volker Konerding, Denkmalschutzamt; Peter Kruse, Hamburger Abendblatt; Christa Kubsch, Gerhard D. Wempe KG; Dr. Joachim Lemppenau, Volksfürsorge Versicherungsgruppe; Thorsten Malorny, Alex im Alsterpavillon; Dr. Andreas Mattner, MdHB, Stiftung Lebendige Stadt; Mario Mettbach, Freie und Hansestadt Hamburg, Behörde für Bau und Verkehr; Ingo C. Peters, Hotel Vier Jahreszeiten Hamburg; Dr. Jens Röh; Gerhard Rötters, DaimlerChrysler AG Niederl. Hamburg; Christian Schnee, Freie und Hansestadt Hamburg; Markus Schreiber, Bezirksamt Hamburg-Mitte; Prof. Dr. Stephan Schüller, Vereins- und Westbank AG; Hartmut Strauß, Hamburgische Landesbank; Prof. Jörn Walter, Behörde für Bau und Verkehr; Jens Wrage, ATG Alster-Touristik GmbH.

Mitglieder

Henning Albers, City Management Hamburg; Friederike Beyer, Beyer und Partner GbR; Karl-Ernst Bröcker, Westdeutsche Immobilien Bank; Christiane Droste, GDS Grafik Design Studio GmbH; Dr. Stefan Engelmann, Wall AG; Andreas Fleck, FahnenFleck GmbH & Co. KG; Werner Fricke, Streit's; Heinz-Peter Henker, JCDecaux Deutschland GmbH; Dr. Dana Horáková, Kulturbehörde; Nils Kaupe; Johannes March, Hapag-Lloyd AG; Dirk Marx, Landesverband des Ambulanten Gewerbes und der Schausteller Hamburg mbH; Alexander Otto, Stiftung Lebendige Stadt; Gerhard Rebentisch, Trägerverbund Projekt Innenstadt e.V.; Berndt Reichhardt, Handelskammer Hamburg; Wolfgang Rosenbauer, Philips GmbH; F. Wilhelm Schultze, Robert Bornhold (GmbH & Co.); Dipl. Ing. Ulrich Sieg, Hamburger Hochbahn AG; Dietrich von Albedyll, Hamburg Tourismus GmbH; Lorenz von Ehren, Pflanzenhandel Lorenz von Ehren GmbH; Franz Günther von Gaertner, Hamburger Renn-Club; Hellmut Wempe, Gerhard D. Wempe KG; Andreas Wende, Deutsche Telekom AG; Dr. Ernst Werdermann, Wirtschaftsrat der CDU; Günter Wienes, Hansa Industrie Service GmbH & Co.

Bildnachweis

Behörde für Bau und Verkehr der Freien und Hansestadt Hamburg: Seite 83, 84, 87, 88;
Brahmfeld & Gutruf: Seite 62, 63
Christian F. Heine Architekten, Hamburg: Seite 54
Hermann Hipp: Seite 24
Landesbildarchiv: Seite 8, 28, 31
Museum für Hamburgische Geschichte: Seite 6, 32, 35, 36, 38, 40, 43, 45, 48, 78
Thomas Radbruch: Seite 16, 50, 53, 64
Staatsarchiv Hamburg: Seite 2, 4, 10, 11, 12, 21, 26, 108
Verein Lebendiger Jungfernstieg e.V.: Seite 67, 68, 69, 72, 76
Peter Wels: Seite 93 sowie die Fotos des Centrefolds
WES & Partner: Seite 14/15, 94/95, 96, 97, 98, 99, 100, 102, 103, 104/105, 106, 107

Leider konnten nicht in jedem Fall die Rechteinhaber ermittelt werden. Autor und Verlag sind dankbar für Hinweise. Berechtigte Ansprüche werden im Rahmen des Üblichen abgegolten.

Bibliografische Information der Deutschen Bibliothek

Die Deutsche Bibliothek verzeichnet diese Publikation
in der Deutschen Nationalbibliografie;
detaillierte bibliografische Daten sind im Internet über
http://dnb.ddb.de abrufbar.

Umschlaggestaltung: atelier freilinger & feldmann, Hamburg
Motiv: Der umgestaltete Jungfernstieg, © Peter Wels, Hamburg
Layout: Ulrike Theilig, Das Herstellungsbüro
Herstellung: Das Herstellungsbüro, Hamburg
Druck und Bindung: Clausen & Bosse, Leck
Printed in Germany

ISBN 3-434-52606-4